规制

第3辑

CATO INSTITUTE　SIFL INSTITUTE　编　加图研究所　上海金融与法律研究院

格 致 出 版 社　　上海人民出版社

本书由美国华盛顿特区加图研究所（Cato Institute）首次在
美国出版。中文版本已授权。保留所有权利。

www.cato.org

目录

1

互联网预约专车服务的合法性分析

王军*

　　移动互联网掀起的浪潮冲击着许多传统行业曾经固若金汤的壁垒。2014 年下半年以来，几个打车软件平台推出的"互联网预约专车服务"（以下简称"专车"）席卷全国。专车为乘客提供预约的、点到点的、按里程计费的运输服务，与出租车服务极为类似。为将自己和出租车服务区分开来，专车服务采取了"车辆租赁＋司机代驾"的模式。这一商业模式的合同基础是乘客、专车软件平台、汽车租赁公司和劳务服务公司"签署"的"用车服务协议"（以下简称"四方协议"）。"四方协议"约定，用户通过专车 APP 注册成为会员后，可以通过专车软件发出用车订单；软件平台再将该订单发送给租车公司和劳务公司，由二者根据用户要求分别安排车辆和司机。

　　"租车＋代驾"模式在一些城市得到默许，畅行无阻；但在另一些城市则被认定为非法从事出租车营运；还有一些城市，根据车辆的来源是车辆租赁公司的还是私家车或"社会车辆"，分别认定前者为合法运营而后者为非法运营（韩柳洁，2015）。2015 年 1 月 9 日，国家交通运输部表示，支持合法合规的租赁车

---

　　* 王军，法学博士，中国政法大学副教授。

辆提供"专车"服务，禁止私家车接入专车平台。但这一表态并未使所有城市的交通执法部门认同（韩柳洁，2015）。

毫无疑问，专车服务是一个新事物。它迎合了市民的出行需求，开辟了新的服务市场，但它也打破了原有的市场区隔，触碰了某些行业的"奶酪"。因此，有人赞其为商业模式"创新"，也有人斥之为"钻法律空子"或者"打擦边球"，更有执法部门将其定性为"非法营运"而予以取缔。

法律对这一新生事物究竟应当持何种态度？在我国现行法律框架内如何评价"四方协议"的法律性质及其效力？本文拟就这些问题作一探讨。

一、专车服务是商业创新，也是避法行为

专车服务是一种商业创新。尽管预约的、点到点的、按里程计费的客运服务本身并无新意，但专车在组织模式（包括参与主体、信息传递、交易撮合、合同架构等）和服务内容等方面都有新颖之处。以熊彼特的理论来看，创新不只是新技术或者新产品的涌现，使用新的生产方法、开辟新的市场、创造新的组织模式（例如创造工业的新型组织、创造新的垄断或者打破旧有的垄断）都属于创新（熊彼特，1991）。

专车服务使得汽车租赁业"入侵"了出租车业长期垄断的"地盘"，即预约的、点到点的、按里程计费的客运服务。这种"入侵"是否违法？

出租车业和租赁车业到目前为止仍然是界限分明的两个行业。主要区别有以下三方面。首先，法规所界定的二者的服务内容不同。出租车可沿路巡游或者接受预约，为乘客提供车辆和司机驾驶服务，[1]而租赁车服务只提供车辆使用，不包括司机驾驶

---

[1] 参见出租汽车经营服务管理规定（交通运输部令 2014 年第 16 号）第 53 条规定："出租汽车经营服务，是指可在道路上巡游揽客、喷涂、安装出租汽车标识，以七座及以下乘用车和驾驶劳务为乘客提供出行服务，并按照乘客意愿行驶，根据行驶里程和时间计费的经营活动"；"预约出租汽车经营服务"，是指以七座及以下乘用车通过预约方式承揽乘客，并按照乘客意愿行驶、提供驾驶劳务，根据行驶里程、时间或者约定计费的经营活动；"出租汽车电召服务"，是指根据乘客通过电讯、网络等方式提出的预约要求，按照约定时间和地点提供出租汽车运营服务。

服务。[1]尽管有的城市规定，出租车公司亦可经营汽车租赁业务，但出租车和租赁车仍然被区分为两种业务。[2]其次，二者的市场准入监管不同。出租车行业依行政许可法实行特许经营制，经行业主管部门批准才能开展营业，而租赁车业实行备案制。[3]其次，其他监管手段也不相同。除准入管制外，我国各地城市对出租车行业通常都建立了运价管制、服务质量管制、企业内部业务关系管制等，而租赁车业是没有价格管制和内部业务管制的，因服务内容不同故服务质量上的要求也不同于出租车业。所以，尽管法规未明确禁止汽车租赁公司提供出租车服务，但两种业务分别监管的立法框架足以表明，租车公司如果直接为乘客提供带驾驶员的车辆运送服务，是违反监管规章的。

在"四方协议"框架内，专车用户得到的服务是由租车公司提供的车辆和劳务公司提供的驾驶员组合而成，租车公司并未直接提供带驾驶员的车辆运送服务，但专车服务的基本内容与预约的出租车服务是高度相似的（不同之处我们可以列举出来，如预约方式、价格、车型、车内服务配置等，但预约、点到点运送、按里程计费这三个基本要素是相同的）。"四方协议"实际上将两种法律关系（车辆租赁合同和劳务合同）组合起来，向用户提供了与预约出租车非常类似的服务。[4]

专车用户得到的服务虽然与出租车预约服务相似，但背后的法律关系有所不同。在出租车服务中，乘客与出租车经营者成立一个合同关系（出租车服务合同），受合同法和有关出租车服务法规的规范。在专车服务中，专车用户与租车公司和劳务服务公司分别成立汽车租赁合同和劳务服务合同。这两种合同关系对当

---

[1]　参见《北京市汽车租赁管理办法》（2012 年 5 月施行）第 2 条规定："本办法所称汽车租赁是指经营者在约定时间内将汽车交付承租人使用，收取租赁费用，不配备驾驶人员的经营活动。"上海市客运车辆租赁管理暂行规定（1994 年）第 2 条亦有类似规定。

[2]　参见《上海市出租汽车管理条例》（2011 年修订）第 2 条。

[3]　参见《北京市汽车租赁管理办法》（2012 年 5 月施行）第 9 条。

[4]　实际上，车辆租赁＋司机代驾的模式早在 2011 年就在上海的租车公司中出现。参见腾讯财经讯："一嗨租车独家回应代驾租车质疑"，腾讯财经：http：//finance. qq. com/a/20110610/000552. htm，2015 年 12 月 2 日访问。

事人之间的权利义务和风险配置与出租车服务合同关系不完全相同。例如，根据劳务服务合同，专车用户与劳务服务公司之间成立服务合同，后者向专车用户派出司机提供驾驶服务。[1]专车用户应保证工作环境和条件（主要是车辆）安全可靠——这很类似于家政服务的情形——应对司机因车辆原因而遭受的损失承担赔偿责任。当然，依照车辆租赁合同和"四方协议"，最终责任应由提供不合格车辆的汽车租赁公司承担。

对于这类专车，执法机关很难依据无照经营查处取缔办法（国务院令第 370 号）查处。因为，车辆由租车公司提供，租车公司对用户租赁车辆不属于"无照经营"。如果车辆是其他个人或机构"挂靠"到某个租车公司的，则是否构成"无照经营"，须根据当地汽车租赁管理规章的具体规定进行判断。

专车服务的创新建立于分解和组合合同关系、引入新的合同主体、变化合同类型的基础之上，实现了租赁车向预约出租车的"跨界"，这是一种典型的法律规避行为（简称"避法行为"，或者称"脱法行为"），即回避强行法规范，而发生实质上与法规所禁止者相同效果的行为（拉伦茨，2003；盖斯旦等，2004；梁慧星，2004）。

二、避法行为并不当然违法、无效

理论上并不认为规避法律就必定带有非法性或者是不正当的。日常生活中，人们谈及"法律规避"多带有贬义。但在经济学和法学理论上，避法行为是一个价值中性的概念。有的学者指出，人们规避法律的原因通常是因为某些强行法规与现实脱节，限制了人们的正当需求，所以避法行为有其正当性（苏力，1996）。而创新必然要跨越或者打破原有的条条框框，避开法律制度上的限制常常是不可避免的。有的金融学者更是认为，规避和创新是一体两面，规避法律是金融产品、服务和制度创新的重

---

[1] 需注意的是，专车用户与司机之间并不成立劳动合同，不适用劳动合同法，参见该法第 2 条。

要原因和动力（米什金，2011）。

在我国的立法层面，除少数法规的部分条款明确禁止规避行为外，[1]大多数立法对规避行为没有明确规定。在法律规范实施过程中，执法和司法机构有权解释和判断某种避法行为应否纳入法律禁止或者限制的范围。《民法通则》和《合同法》概括性地规定，"以合法形式掩盖非法目的"的行为或者合同是无效的。但在行政监管和司法审判中，我们看到，并非所有的避法行为都被认定为"以合法形式掩盖非法目的"。

在我国行政监管层面，得到监管部门认可或者默许的避法行为层出不穷。例如，信托公司设计的诸多投资理财产品（如资产收益权信托），实际上均与贷款有异曲同工之效，而监管部门并未一律禁止；为实现境外融资而设计的协议控制模式（VIE）盛行于互联网、电商等诸多行业，监管部门至今也未叫停；各种表外融资手段（如售后回购、售后回租等）实际上都是通过改变合同类型、重组法律关系而规避法律，但它们并不被认为是违法的；上市公司规避法律和监管规范的各种并购重组交易更是花样繁多，它们同样没有只因为有规避法律的动机而成为非法行为。当然，监管部门会根据经济形势、监管需要以及其他理由调整其监管政策和尺度。过去默许的避法行为可能今后不再默许，或者如今严禁的避法行为今后承认其存在的合理性，甚至在监管上完全放开。但毫无争议的一点是，监管部门从来没有不加区别地宣布杜绝、取缔一切避法行为。事实上，这样的绝对化的政策也是无法实施的。

在司法审判中，避法行为同样有其立足之地。尽管《民法通则》和《合同法》均规定，"以合法形式掩盖非法目的"的行为或合同无效，但从审判实践来看，规避法律的行为并未被一律宣

---

[1] 例如：《证券法》（2005 年修订）第 10 条规定，禁止变相公开发行证券；《刑法》第 176 条惩处"非法吸收公众存款或者变相吸收公众存款"行为；《招投标法》（1999 年）第 4 条规定，任何人"不得将依法必须进行招标的项目化整为零或者以其他任何方式规避招标"；中国人民银行制定的《贷款通则》第 61 条规定，"企业之间不得违反国家规定办理借贷或者变相借贷融资业务"；商务部《关于外国投资者并购境内企业的规定》（2009 年修订）第 15 条规定，当事人"不得以信托、代持或其他方式规避前述要求"。

布为"以合法形式掩盖非法目的"。例如，国家严禁企业间相互借贷，但不禁止企业与少数特定个人间的借贷。A企业和B企业为实现借款采取以下做法：A先将资金借给自然人甲（甲通常是B的大股东），甲再将资金借给B，B为甲对A之债务提供连带保证或提供抵押、质押等担保，如甲不能还款，则A可直接要求B承担担保责任（蒙瑞华，2010）。由于甲的介入，行为主体发生变化，A与B之间未发生企业间借贷，故不受限制。但上述交易的实际效果与A直接向B贷款基本相同。再如，法律法规对国有土地使用权和矿业权的转让都有严格的条件限制，为规避这些限制，实践中常见如此做法：当事人不直接转让物权，而是转让持有该物权的公司的全部或者控制性股份，从而达到与转让该物权基本相同的效果。在审判实践中，这类做法的合法性得到法院的普遍承认。

行政监管和司法审判机关为什么不将避法行为一律取缔或者都认定为非法？这个问题在没有很深入和全面的研究之前不容易回答。但是我们可以做一点推测性的分析。也许是因为避法行为样态繁多、变化多端、界限模糊，其中可能隐藏着某种创新，可能满足了现实的某种正当需求；也许，原有制度过于僵化而目前尚无办法撼动，避法行为在表面上不挑战旧制度的前提下提供了一些权宜的变通；也许，监管部门也欢迎某个变通或者某种创新，因为它能帮助监管部门缓解或者解决某个问题。

观察这些得到行政监管和司法审判机关认可或者默许的避法行为，似乎也会发现一定的共性。虽然它们都不同程度地避开了法律规范和监管，似乎对法律和监管不够"尊重"，但它们又都在法律提供的合法空间内尽最大可能地进行创造性的活动：它们不仅更新了合同名称，更改变了合同的当事人、交易架构和风险配置（王军，2015）。它们虽然可能损害了一些人的既得利益，但在可预见的范围内都可能在总体上增加而不是减少了社会福利。这些避法行为可能基本上都构成经济学上所谓的"卡尔多—希克斯改进"（Kaldor-Hicks efficiency）（波斯纳，1997）。如果这个观察基本上站得住脚的话，那么，监管和审判机关承认某些避法行为合法有效，实际上就是承认了原有法律制度存在这样或那样的不足，承认了创新所带来的好处大于所造成的破坏。这也表明，监管和审判机关在评价某种避法行为是不是一种值得肯定的创新时，着重考虑了这种新事物的社会效果。

那么，在法律上应如何评价避法行为？我们应在什么框架内评价专车服务的创新？

三、管制目的和社会效果分析

一般认为，法律上如何评价避法行为，主要是一个法律解释的问题。也即，通过法律解释判断特定避法行为是否应当纳入强行法规范的禁止或者限制范围（弗卢梅，2013；梁慧星，2004）。在民法理论上，法律应依何种标准和方法对避法行为效力作出区别性处理，主要发展出以下几种具体观点：

其一，如果被规避之法律的规范目的是禁止某种结果，则无论当事人采取什么样的迂回手段，禁止性规范仍可适用于该避法行为，应认定其无效；但如果规范目的只是禁止某种手段或行为，则避法行为可以认定有效（史尚宽，2000；布洛克斯等，2012）。

其二，应区分法规的主要目的是保护经济上的弱者还是维护交易安全：如是前者，应倾向于认定规避行为无效；如是后者，应倾向于承认避法行为有效（我妻荣，2008）。

其三，还有学者主张，法院应从"社会需要"角度审视避法行为：基于合理的社会需要而产生、有存在之必要的避法行为，应该认为有效（刘得宽，2006；崔建远，2008）。

由上可知，要评价特定避法行为的合法性，首先应当分析被规避法律规范的法律目的，同时应当考虑该行为的现实的社会效果。法律目的和创新行为效果是关键的评价标准。

（一）管制目的分析

有关法律规范所设定的出租车行业管制目的是一个综合的目标体系。诸如"规范出租汽车经营服务行为，保障乘客、驾驶员

和出租汽车经营者的合法权益，促进出租汽车行业健康发展"，[1]
"维护出租汽车的正常营运秩序，保障出租汽车乘客、经营者以
及从业人员的合法权益，适应城市经济发展和人民生活的需
要"，[2]或者加强出租汽车的管理，提高服务质量，保障乘客、用
户和出租车经营者及其从业人员的合法权益，适应城市经济发展
和人民生活需要。[3]归纳起来，总的管制目标是提高出租车服务
质量，满足市民出行需求，保护乘客、经营者和从业人员合法权
益，还有就是促进行业"健康发展"。但是，准入管制的目标是
什么，法规没有明确提出。

理论上认为，政府控制出租车市场准入（或者数量管制）通常
出于以下三方面的理由或者目的：(1) 控制出租车的两种负外部效
应——交通拥堵和环境污染；(2) 保护经营者，防止过多经营者涌
入这个行业从而发生过度竞争；(3) 防止过度竞争导致服务质量下
降 (OFT, 2003; Kang, 1998; 王军, 2009)。这些目标与我国现
行管制法规宣布的目的基本吻合。我们可以依据上述三个方面，
逐一分析专车服务是否与出租车准入管制目标相冲突。

1. 专车是否加剧了城市的交通拥堵和有害气体排放？

控制出租车数量的一个重要理由是，防止过多的出租车加剧
交通拥堵和环境污染。因为，出租车尤其是我国当前的出租车主
要采取沿路巡游的方式提供服务。假设这个理由成立的话，那
么，很难说专车服务会加剧拥堵和污染。因为，专车提供的是预
约服务，目的性较强，车辆不会像出租车那样在道路上巡游揽
客。不仅如此，专车很可能缓解拥堵和减轻污染。因为，我们可
以合理预见的是，便利的专车服务很可能会降低企事业单位和市
民使用小汽车的意愿和迫切性，从而减缓道路拥堵，减缓城市小
汽车数量的过快增长。同时，专车提高了租车公司车辆（或者其
他车辆）的利用率、降低了闲置率，总体上节约了财富，减少
浪费。

---

[1] 《出租汽车经营服务管理规定》（交通运输部令 2014 年第 16 号）第 1 条。
[2] 《北京市出租汽车管理条例》（2002 年修订）第 1 条。
[3] 《上海市出租汽车管理条例》（2011 年修订）第 1 条。

2. 专车的出现是否导致出租车服务质量下降？

如果一个城市的出租车数量出现大幅增加，在严格限制出租车服务方式、车型并管制服务价格的情况下，降低成本就可能成为出租车的主要竞争方式。也就是说，很可能出现理论上假设的导致出租车服务水平整体下降的"恶性竞争"。但目前没有证据表明，专车导致出租车服务质量下降。目前来看，专车服务的水准至少不会低于现有的出租车服务。因为，专车没有出租车那样的车型和服务价格管制，理论上它可以提供与其价位相符的优质服务。社会大众和媒体关心的乘客安全保障问题，专车事实上已经通过即时提供乘客保险、全程记录信息等方式予以了有效处理。可以合理预见的是，专车服务提供的较高端服务（从预约便利度、车型、档次、车内配置等方面看）可能拉升而不是压低出租车服务品质。也就是说，专车的预约服务实际上对出租车的相似档次预约服务产生了竞争压力。这种竞争是可能促进双方提升服务品质的"良性竞争"。

专车有可能吸引部分优质的出租车司机加入，导致出租车行业流失一部分优质司机。但很难说这就一定会影响出租车服务水平。因为，一方面，出租车司机的流动性本来就比较大，专车产生的影响可能不会很显著；另一方面，更重要的是，当前的出租车服务基本上是定型化的（如预约方式、车型、车内配置、责任保险等），司机个人对于服务品质的提高和降低影响甚小。

3. 专车是否会导致出租车经营者收入降低？

专车出现后，会有一部分乘客放弃使用出租车而预约专车服务。尽管专车提供的是预约服务，而且目前价位高于出租车的运价，其市场毕竟与出租车的市场有一定交集。所以，虽然目前尚无数据证实，但我们可以合理作出推测，专车服务很可能会导致一部分出租车营业收入一定程度的减少。如果考虑到有些城市的私家车和其他车辆也通过挂靠租车公司的方式直接提供专车服务，那么导致出租车经营者尤其是承包制下的司机的收入减少是难以避免的。出租车经营者和司机的营业收入减少，可能降低其服务品质，极端情形下甚至引发出租车司机罢运。[1] 当然，专车为出租车行业注入的竞争性和流动性不是完全不利于出租车经营者和司机的。尤其对出租车司机来说，专车为其提供了更大的流动空间和更多的选择机会，而选择自由的扩展无疑有利于司机。

更重要的是，如果我们把准入管制目标定位于保护出租车经营者的垄断地位不受挑战、保护其稳定收入，将经营者和从业者利益与公众利益对立起来，恐怕立法者和监管部门都未必会赞同。因为，这显然与出租车业服务公众消费者的宗旨相矛盾（尽管事实上可能确有此种保护作用）。尤其是，为了保护特定经营者和劳动者群体而降低甚至牺牲社会整体福利，这样的管制目标也很难获得正当性和公众的普遍支持。换言之，以保护业内经营者为准入管制的中心目标而不考虑出租车业的公众服务目标，就完全偏离了出租车行业管制的正当目的。以这样一种偏离主旨、本身缺乏正当性的"管制目标"为依据评判专车服务的合法性，无法得出令人信服的结论。

上述分析表明，我们目前没有证据和理由认为，专车服务的出现增加了城市的拥堵和污染，导致了出租车服务品质的降低，反而可以找到相反的理由。虽然专车服务很可能导致一部分出租车营业收入一定程度的减少，但以牺牲社会整体福利提升为代价而保护部分经营者维持稳定收入的管制目标无法建立自身的正当性，不应该成为评价专车服务合法性的标准。因此，从出租车准入管制的目标来看，对于专车服务这样一种具有避法行为特征的创新业务，应当承认其合法性。

（二）社会效果分析

专车乃是基于合理的社会需要而产生，这一点自前恐怕是没有争议的。原有的出租车管制（尤其是某些城市长期而固化的数量控制）在各地普遍造成了"打车难"的社会问题。出租车服务

---

[1] 参见彭大伟："成都、济南等多个省会城市出租车司机罢运"，中国新闻网：http：//news. china. com/domestic/945/20150114/19204618. html，2015 年 1 月 15 日访问。

长期不能满足市民的出行要求。在城市的偏僻区域，上下班的"高峰"时段，更是一车难求。几乎在所有的城市，都存在各类"黑车"，其数量常常超过持照出租车。另一方面，为了缓解交通拥堵，很多城市对私家车实施限购政策，使得市民对出租车服务的需求进一步增加。因此，专车服务甫一出现，立即受到大众的欢迎。

不仅如此，借助移动互联网技术的发展，专车降低了信息成本，在提升服务质量、保护消费者权益方面已经领先于传统的出租车服务。例如，利用移动互联网技术，专车实现了非常便利的预约；互联网平台将用户和司机的信息以及每一次的服务信息都进行了细致的记录，通过"大数据"处理，这些信息在评价服务、保护乘客利益等方面都可能发挥积极作用。

更进一步的是，不同公司提供的专车服务目前已形成竞争态势，服务优者将得到更多的市场份额。这是传统出租车行业望尘莫及的，因为，它们已经被原有的管制体系牢牢地包裹起来了，不能竞争，也不需要竞争。

以上诸端并不全面，但大致足以说明专车服务是回应社会正当需求的产物，而其社会效果总体上说是符合"卡尔多—希克斯改进"的标准的。

当我们评价一项新生事物的社会效果时，除了看它的目前状态外，更重要的是分析它的前景。也就是在把握大趋势的前提下，讨论它的社会效果。移动互联网技术的发展使得当今社会的信息传递和分享达到了人类历史上前所未有的程度。信息的共享又直接推动了人们在各个领域展开更深、更广的合作以及资源的共享。自2013年兴起的各种打车软件以及目前的专车服务平台，都是人们利用移动互联网技术增进城市交通领域合作和资源共享的成果（底洁，2013），它们抓住了移动互联网发展的大趋势。

移动互联网发展的另一个结果是，原先建立在信息不对称基础上的各种制度，其正当性、合理性都受到了前所未有的冲击。移动互联网技术所支持的"合作交通"和"共享交通"的大趋势，甚至彻底动摇了长期以来的区分营业车辆和非营业车辆的法律的合理性。[1]在原有管制法规未进行调整和改变之前，对于符合发展大势的、具有避法行为特征的商业创新，持观察、研究和包容的态度，这是决策者的明智之举。

四、结论

专车服务将租车公司提供的车辆和劳务公司提供的驾驶员组合起来，其服务的基本要素与出租车预约服务高度相似，但其合同架构与出租车服务合同关系有所不同。专车服务是一种带有法律规避性质的商业创新。但避法行为在法律上是一个价值中性的概念，与违法行为不能画等号。避法行为常常处于法律法规的空白或者模糊地带。在我国的行政监管和司法审判实践中，避法行为并非一律被认定为非法、无效。事实上，得到监管部门和司法机关认可或者默许的避法行为比比皆是、层出不穷。评价避法行为的合法性，须根据法律目的并考虑行为的社会效果进行法律解释。本文分析认为，专车服务与出租车准入管制目标并无根本性冲突，专车服务的社会效果总体上改善了社会福利并符合移动互联网发展的大趋势，因此，法律应当承认专车服务的合法性。

应当看到，出租车和租赁车的分业管制只是人为的对两种商业活动进行划分和区隔的结果。合同的分类和类型化规范也不是天然形成的（不同类型的合同完全可能具有相似的法律效果）。它们都是思想观念和政策的产物，绝非理应如此，更非应当永世长存。行业和市场的分化组合应当以消费者需求、技术和社会发展为目标和引擎，而不是相反。也就是说，既有的行业划分不是抑制消费者需求和社会发展的正当理由。

出租车发展史上有过两次重大的革命性演进。第一次是汽车代替了马车，这一进步改变了出租车的动力系统。第二次是电话的出现，自此电话预约成为西方国家出租车的主要服务方式（王军，2009）。如今，出租车业正经历着移动互联网技术推动的第

---

[1] 私家车借助移动互联网能够成为城市"合作交通"和"共享交通"的主力军，但对这一问题的法律分析超出了本文主题，此处暂不讨论。

三次革命。目前，叫车软件在很多城市已经改变了原有的出租车服务模式。相当一部分出租车的相当一部分运送服务实际上已经转化为预约服务。传统的巡游服务迟早将成为历史。出租车服务的智能化和共享化将在未来几年中迅速发展。移动互联网技术正在重塑信息分享方式和人们的合作方式，而这势必会颠覆出租车业原有的组织形态，重组出租车行业内的用户、企业、司机和监管部门之间的关系。包容和顺应创新的法律制度才有活力。面对移动互联网掀起的变革浪潮，我们的监管制度应当顺水推舟，应势而动。

参考文献

波斯纳：《法律的经济分析》（上册），中国大百科全书出版社1997年版。

布洛克斯、瓦尔克：《德国民法总论》，张艳译，中国人民大学出版社2012年版。

崔建远：《合同法总论》（上卷），中国人民大学出版社2008年版。

底洁：《城市出行2.0》，《IT经理世界》2013年第7期。

弗卢梅：《法律行为论》，迟颖译，法律出版社2013年版。

盖斯旦、古博：《法国民法总论》，陈鹏等译，法律出版社2004年版。

韩柳洁：《"专车服务"在各地遭"围剿"，是否违法引各方争议》，《人民政协报》2015年1月19日。

拉伦茨：《德国民法通论》，王晓晔等译，法律出版社2003年版。

梁慧星：《中国民法典草案建议稿附理由：总则篇》，法律出版社2004年版。

刘得宽：《民法总则》，中国政法大学出版社2006年版。

米什金：《货币金融学》，郑艳文、荆国勇译，中国人民大学出版社2011年版。

蒙瑞华：《公司借贷法律问题研究》，《西南政法大学学报》2010年第2期。

王军：《为竞争而管制——出租车业管制改革国际比较》，中国物资出版社 2009 年版。

——：《法律规避行为及其裁判方法》，未发表稿件。

熊彼特：《经济发展理论》，何畏、易家祥等译，商务印书馆 1991
　　年版。

史尚宽：《民法总论》，中国政法大学出版社 2000 年版。

苏力：《法治及其本土资源》，中国政法大学出版社 1996 年版。

我妻荣：《新订民法总则》，于敏译，中国法制出版社 2008 年版。

Kang, Choong Ho, 1998, Taxi Deregulation: International Com-
　　parison. Dissertation submitted in partial fulfillment of the
　　MSc Transport Planning and Engineering, Institute for Trans-
　　port Studies, University of Leeds, UK http://www. itf. org. uk/
　　Sections/it/khang. html.

OFT, 2003, Impact of Taxi Market Regulation-an International
　　Comparison, OFT676 Annexe J, Office of Fair Trading, Lon-
　　don, see Office of Fair Trading, http://www. oft. gov. uk/ad-
　　vice and resources/resource base/market-studies/completed/
　　taxis.

打车软件与竞争政策[*]

钟鸿钧[**]

一、导论

　　福利经济学第一定理告诉我们，在一个阿罗—德布鲁的均衡世界里，完全竞争会带来帕累托福利最优。也就是说，我们不需要政府做任何事情。但是，现实的商业世界中，由于不完全竞争、外部性、信息不对称和协调失效等各方面的原因，自由竞争的结果从社会福利的角度看并不一定会产生最优的结果。这个时候我们需要更进一步地分析导致无效率的原因，并提出相应的解决方案。这是公共政策的基本目标。

　　商业模式的创新和技术进步，对政府监管提出了更高的要求。最近关于打车软件的讨论，更凸显全面理解公共政策理论的重要性。打车软件的兴起，以及它对传统出租车行业的冲击，涉及公共政策的几个方面：（1）合理的公共政策的目标是什么？（2）打车软件的监管，应该基于一个什么理论？（3）如何处理这种颠覆式创新对既有的企业的影响？本文将从公共政策的角度，用双边平台市场的理论来讨论打车软件。在此基础上我们再提出

---

　　* 本文在上海金融与法律研究院内部讨论稿的基础上完成。作者感谢上海金融法律研究院和各位专家的评论。

　　** 钟鸿钧，上海财经大学商学院教学研究部主任。

合适的政策监管框架。一个合适的公共政策，需要综合考虑各相关利益者，权衡得失。因此，我们也需要适当讨论这一政策对传统租车公司和司机的影响。一个好的公共政策，从商业的角度看，应该有助于创造更多的价值，并尽可能让更多的参与者来分享价值。

传统公共政策目标的第一个要求通常是在效率和公平之间的权衡取舍。政策的制定者和实施者需要同时考虑效率和公平。而且公共政策特别重要的一点，就是需要考虑通过合理的公共政策来促进公平竞争。这一点对于我们讨论的打车软件监管问题非常重要。反对新兴打车软件的一个重要理由，就是打车软件和无牌照的私车进入市场，对现有的出租车和司机形成了不公平竞争。因此我们必须明确回答，打车软件是否导致了不公平竞争？好的公共政策，会充分考虑如何去促进公平竞争。但是，促进公平竞争的标准在实践中难以明确界定。在面对这个问题的时候，第一是我们需要确保条款要尽可能地对竞争的双方是平等的；第二是好的竞争政策，或者说合理的竞争政策，保护的是竞争本身，而不是保护竞争者。[1]

第二，在涉及反垄断时公共政策的目标设定，应该采用什么样的福利标准？有专家学者认为我们的福利标准应该以保护消费者为准则。这种看法确实有一定的道理。[2]我的观点是，在目前中国的监管框架下，如果监管机构容易遭遇管制俘获，也就是被企业收买的话，那么公共政策尤其竞争政策的目标，应该考虑采用一种相对简单的消费者福利标准，也就是只考虑消费者，不考虑其他的企业。但是，自 2008 年 8 月 1 日《反垄断法》实施之后，我们从很多的案例中可以看到，在考虑政策的目标的时候，

---

[1]　在欧洲，对于竞争者的保护会更多一些。在实施竞争政策的早期，对竞争者的保护也要多一些。不过，越来越多的经济学家和政策执行者都同意，更好的政策目标，是保护竞争本身。

[2]　参见钟鸿钧：《谁来保护消费者？》，《21 世纪经济报道》2002 年 12 月 2 日。

是包含了企业和消费者的。[1]这是我们实际的反垄断政策的目标。

因此，无论是理论上还是实际操作上，我们在考虑打车软件的监管时，都应该同时考虑消费者、平台、出租车公司和司机。

二、双边平台理论和打车软件

在明确了监管的政策目标后，我们需要理解打车软件的性质以及其适用的分析框架，分析打车软件市场，应该采用双边平台理论来分析。双边平台市场研究是过去十年中经济学最活跃的领域，比较早的是 2003 年罗切特与梯若尔（Rochet，Tirole，2003）的文章。实际上这种平台非常多，比较明显的例子包括报纸杂志等传统媒体、互联网、信用卡、实体的购物商场等。

双边平台市场对我们传统的政策分析提出了很大的挑战。双边平台的重要性或者是复杂性在哪呢？因为在这个市场里面，传统的分析框架不再适用。我们需要更新的理论和更准确更适用的研究方法，再在此基础上提出合理的政策建议。

我们首先用一个非常简单的例子——酒吧——来说明什么是双边平台。我们去酒吧都希望人多热闹，尤其是希望异性很多。男孩子希望酒吧有很多漂亮的女孩，反过来漂亮女孩也希望有很多帅小伙。但是对每一个个体来说，他（她）是否去酒吧取决于另外一方是否去酒吧。我们用下表来代表这个双方同时决策的博弈。

为了方便起见，我们假定如果男孩和女孩都选择去酒吧，那么男孩和女孩的收益分别为 60 和 50。[2]如果大家都不去，那么双方的收益都是 0。如果一方去另外一方不去，那么去的一方的收

---

[1] 参见可口可乐收购汇源的例子。监管机构反对的一个重要理由是收购会使得可口可乐将其市场势力从传统的碳酸饮料市场延伸到果汁饮料市场，从而对其他果汁饮料市场的竞争者不利。这个例子很清晰地表明实际的政策决策是考虑了所有相关利益者的。

[2] 男孩和女孩收益的比例为 1.2∶1，大约是目前的性别比。我们用这个收益的差别来表示由于性别比等原因导致的收益差别。

益就是他（她）的成本，我们在这里假定为－10。在这个例子里面可以看到，有两个可能的结果，要不就是大家都去，要不就是大家都不去。但是从酒吧（平台）的角度来讲，它希望大家都去酒吧，而且这个结果对整个社会都是有利的。问题是，如果没有协调机制，我们就没有办法选出一个社会最优的结果。怎么办？这个时候酒吧作为平台就必须想办法去向女孩进行补贴，引导女孩来酒吧。在这个例子里，酒吧只要给女孩提供价值 10 元的补贴，就可以引导女孩去酒吧，从而吸引男孩也去酒吧。

表 1　酒吧博弈

收益		女孩	
		去	不去
男孩	去	60,50	－10,0
	不去	0,－10	0,0

　　这个模型非常简单，但是它很好地解释了我们在实际生活中经常观察到的一个现象，酒吧通常会有女士免费，男士买单的活动。而且，这个模型可以用来解释更多的商业现象。

　　所谓双边平台市场，是指在这类市场上，有两类互相依赖的顾客。平台市场为每一类顾客带来的价值依赖于另外一类顾客的数量。通常来说，一类顾客越多，另外一类顾客通过此平台服务（消费）所获得的收益就越高。平台市场所起到的作用类似于婚姻市场的媒人，或者说是市场的撮合者。在双边平台市场里面，我们需要同时考虑三方——平台、商家、消费者。双边平台理论在商业实践中非常多。这种新的商业模式，在过去的十几年里激发了大量的双边平台理论的研究。

　　打车软件是典型的平台市场。平台市场有两个非常显著的特征。第一，有两个显著不同的客户群体。在打车软件市场里面，有打车方、出租车方，互相之间只要借助这个平台就能进行交易。第二，市场 A 的决策会影响市场 B 的效用。什么意思呢？比方说在滴滴打车的平台上，如果这个上面出租车比较多的话，意味着用滴滴打车的用户更容易招到车。这个交易对我怎么样呢？

价值就更大。这里一定要注意，市场 A 的决策会影响市场 B 的效用，这是一个所谓的间接的网络效用。这个要和直接的网络效用区分开。我用电话的功能跟我的电话通信录里面的联系人数有关系，电话通信录里面人越多，电话的作用越大，这是直接的电话网络效用。

打车软件的成败，同时取决于是否有足够多的司机和消费者同时使用这个打车软件。消费者是否使用某个打车软件，取决于是否有足够多的司机使用这个软件。对于打车软件这种以地理位置为基础的应用软件来说，消费者打车的时候周边是否有足够多的出租车司机在使用同款软件是决定性因素。反过来，对出租车司机来说，是否有足够多的消费者使用打车软件，是他决定是否使用同款打车软件的重要因素。这两者之间是典型的"鸡生蛋还是蛋生鸡"的问题。因此，利用双边平台市场的经济学原理来分析打车软件，是最合适的。在打车软件这个平台上，消费者是一类顾客（我们称之为"买方"），另外一类顾客是出租车司机（我们称之为"卖方"）。

双边平台市场的经济学和传统市场的经济学有很大的差别。值得一提的是，在平台的两边，定价通常和成本关系不大。这是因为，在双边平台市场中，通过平台发生的交易会同时影响到买卖双方。罗切特和梯若尔的研究表明，在一个垄断的平台市场上，最优的定价方式不是在买卖两个市场上简单地由边际收入和边际成本相等来确定（Rochet，Tirole，2003）。在平台市场上，最优的定价通常都是对一方收费，同时对另外一方补贴。

由于平台具有网络效应，而且搭建平台通常需要大量的投入，平台竞争通常都是在少数平台之间进行。[1]大的平台能够给客户带来更大的价值，从而更容易吸引商家和消费者加入其平台。

集中的平台是否意味着超额的垄断利润呢？以下几个因素会

---

[1]　绝大多数平台市场都是非常集中的。在中国，打车软件市场刚开始的时候有多达 50 多家打车软件。但是在很短的时间内，这个市场就迅速集中。目前已经整合成为由嘀嘀和快的打车两个打车软件主导的寡头市场。这一趋势在这两个公司分别与阿里和腾讯合作后显得更加明显。

影响平台获取超额垄断利润的能力。首先，平台需要充分的前期投入来吸引买卖双方入驻平台。前期的巨大投入可能会充分抵消后期看上去很大的利润。第二，首先吸引客户的先发优势到底有多大？如果竞争的一方能够很容易通过投资或其他方式将客户吸引过去，则另一方就很难获取超额利润。第三，即使是一家独大的平台，技术的变迁以及潜在的竞争也足以使得传统上被认定为垄断的市场成为一个"可竞争市场"，从而充分削弱垄断平台获取超额利润的能力。这对于电子商务商业模式来说尤其如此。传统的出租车公司电召平台从某种意义上说是垄断的。但是，它没有充分满足消费者的需求。[1]

这几个原因表明，我们并不能因为某个打车平台的市场份额就简单地判断其具有获取超额利润的能力。换句话说，我们目前还看不到政府立即对此进行干预的必要。有意思的是，罗切特和梯若尔的研究还表明，无论是追求利润最大化的垄断平台、竞争平台还是追求社会福利最大化的平台，在定价结构方面，都很相似。（Rochet，Tirole，2003）这一定程度上表明，市场定价的结果和社会最优的差别，并不会太大。

虽然我们认为目前并没有明确的证据表明政府应该对此进行干预，但是我们应该看到，电子商务平台竞争，和传统的经济学，特别是产业经济学中讨论的一般产业竞争相比，有很大的不同。这里的区别主要体现在如下几个方面。

第一是市场的界定。市场的界定是制定诸多涉及竞争政策的决定时首先需要明确量化的一个重要指标。在传统的方法中，市场的界定通常是采用所谓的"小而显著的价格上升"检验（Small but Significant and Non-transitory Increase in Price，SSNIP）来确定的。但是在双边市场上，监管机构不能仅着眼于单边市场的价格增加，它还应考虑单边市场价格上升对另外一边市场价格的影响（可能是下降）。忽略提价同时对双边市场的影

---

[1] 核心需求是即叫即到，以及在需求超过供给时，利用价格机制来分配服务和满足需求的能力。传统的电召平台虽然规范了很多电召服务标准，但是并没有满足消费者的核心需求。而且其开放性也不够，这是传统电召平台不具竞争力的重要原因之一。

响有可能会得出错误的判断。与市场界定相关的是市场势力。如前所述，在双边平台市场上，价格和边际成本之间并无必然联系。因此，不能简单采用价格和边际成本的差来衡量企业的市场势力。

第二是市场的进入壁垒。从经济学家的角度看，进入壁垒可以看作在位企业相对于潜在进入者来说无法获得的优势。这种优势通常不是指金钱方面的投资，而可能是专利或别的因素导致的。例如，淘宝商城的先行优势以及由此导致的正反馈毫无意外可以看作一个相对于竞争对手的很大优势。但是这是否等于是一个很大的进入壁垒呢？一个客观的事实是腾讯拥有大量的 QQ 用户，要进入商城这个平台市场，对腾讯并不是一件特别难的事情。事实上，腾讯已经在和京东合作进入这个市场。最近的一个例子是，新兴的支付方式对银联构成的威胁。在传统的信用卡支付市场上，银联是非常大的信用交易平台，构筑了相当高的壁垒。但是一旦进入移动支付时代，这个壁垒就小了很多。因此，市场壁垒的问题，在新兴商业模式和技术面前，可能没有想象得那么高。[1]

第三，对于双边平台市场中的反垄断问题，是采用"法定规则"（Rule of Per Se），还是采用"推定规则"（Rule of Reason）更合适？限于篇幅，我们无法在这里仔细讨论。但是，考虑到双边平台市场的复杂性，尤其是各种商业实践对于消费者都可能存在正的外部性，我的观点是应该倾向于从效率准则，按照"推定规则"的方法来判断。当然，对于平台竞争对手之间明确的合谋，"法定规则"仍然应该适用。

在双边平台里面，有两个重要的特征，通常我们在讨论福利，价格对福利的影响，价格水平直接影响这种福利的总水平。在评估一个企业的行为是否存在反竞争情节时，一个重要的标准就是看企业的定价和边际成本之间有什么差别。但是在双边平台

---

[1] 在互联网和 IT 技术行业，公司很难拥有持续的竞争优势。战略学者丽塔·麦格拉思（Rita McGrath，2013）就认为，现代的企业竞争，将不再拥有持续的竞争优势，而只有暂时的竞争优势（transient competitive advantage）。如果她的观点成立，那么我们就更加不需要政府干预了。

上面，除了价格水平之外，价格的结构也是非常重要。我们认为交易的双方同样要支付一个价格，总的价格很重要，同时价格在两者之间的分配也是很重要，这是关于双边平台价格的一个核心的特征。

双边平台市场的间接网络效用，意味着市场会存在一种互动的作用。平台要想办法解决"鸡生蛋，蛋生鸡"的问题。到底是哪一方先来用这个产品（服务）？打车软件市场竞争中的补贴行为，从经济学的角度来看，就是在市场培育早期用补贴的方式致力于让市场的双方——出租车主还有消费者——同时使用这个软件。到了一定阶段之后，大家会形成这种习惯。第二是要形成合适的价格结构，是给车主提供补贴还是给使用者提供补贴呢？这是非常重要的。通常在平台定价的时候，都会涉及这种价格歧视，通常会采用补贴一方，吸引双方来参与的做法。但是我们讲平台要赚钱。怎么赚钱呢？只能将一方作为利润中心，另外一方提供补贴。

补贴的存在，意味着平台的定价结构会非常极端，不适用传统的不公平竞争标准。如果是价格低于边际成本的话，按照传统的分析框架，它属于掠夺定价。但是在平台上面，价格低于边际成本，是非常正常的一件事情。所以我们不能再简单地用价格低于边际成本这个标准来界定这个企业的行为是反竞争的。在双边平台市场上，补贴是一种很正常的市场行为。

对于竞争性的双边平台，定价的基本原理和垄断的平台定价原理非常相似。平台市场由于存在很强的外部性，竞争性的市场平台数量通常都会很少，也就是我们通常讲的赢家通吃。我们刚才提到的打车软件，从原来早期上海有30几个，到现在只有2个。大部分的平台都是这样，包括谷歌。平台集中有各种好处和坏处。我们通过下面一个简单的例子来看平台竞争的结果。

假设现在有两个竞争性平台，平台A就是我们前面所说的例子。平台B是另外一个提供相同服务，但会给客户带来不同价值的竞争性平台。现在这两个平台会产生竞争，他们会如何定价呢？为了简单起见，我们这里假定他们提供的服务完全相同。在这种情况下，两个不同的平台提供服务所产生的总剩余变得非常重要。平台 A 能够提供的总剩余是 110，而平台 B 提供的总剩余是 150。总剩余越多，平台就越有能力去提供补贴，购买"投入要素"（这里是女孩的参与）。在这个平台竞争的例子里面，平台 B 可以通过给女孩提供高达 110 元的补贴，来吸引女孩到酒吧 B 去。这个例子虽然简单，但是它说明了非常重要的两点：（1）平台提供补贴是非常正常的商业活动，这个补贴会表现为价格低于边际成本；（2）竞争性平台，在提供补贴时，会表现得非常凶狠。这种竞争性补贴会使得消费者获益，但平台本身的收益未必会很大。

表 2 竞争性平台

平台 A		女孩	
		去	不去
男孩	去	60,50	−10,0
	不去	0,−10	0,0
平台 B		女孩	
		去	不去
男孩	去	120,30	−10,0
	不去	0,−10	0,0

平台竞争通常会产生极少数的赢家（所谓的"赢家通吃"）。从平台的角度来看，集中有什么好处呢？第一个好处是有规模经济，我们不需要有重复的平台。第二个好处是由于存在间接网络效应，垄断性平台的用户反而会比开放的平台用户的总和更多，也就是另外一方的用户聚集到一起会提升我这一方的用户价值。所以平台通常会有"赢家通吃"的特性。

另外一方面，我们也有反对平台集中的理由。第一是平台的差异化，通常来说，都会有利于消费者，这是传统的市场竞争很重要的一个特征。竞争意味着消费者有更多的选择，可以选择滴滴，也可以选择快的，也可以选择大黄蜂。选择越多，匹配的可能性越高，所以我们希望有更多可以让消费者选择的平台。

第二，如果平台太集中，可能会导致平台的拥堵。平台拥堵的原因，可能是技术约束，也可能是由于规模不经济导致了更高的搜索成本。我们在高峰的时候，打车也会有这种问题。高峰期打车难的原因，部分是因为需求的增加，部分是因为平台的拥堵。平台的拥堵也表明从社会角度看应该有更分散的平台。

在上海，传统的电召平台，比如说强生、大众、海博，都有一个重要的特征，它们只给本公司的出租车服务。这种做法，经济学上称之为单边挂靠（single-homing），意思是只挂靠在一个平台上面。但是新的打车软件是可以用不同的打车软件叫不同公司的出租车，经济学上叫多边挂靠（multi-homing），意思是同时用多个平台，滴滴或者是快的打车都可以。对于乘客来讲，大部分的人都是多边挂靠，通常手机上，可以装滴滴也可以装快的。这意味着我们在分析打车软件市场公共政策的时候，要用多边挂靠的平台竞争理论。

对于不同的竞争性平台，我们要仔细分析。如果是多边挂靠的平台，就意味着平台相互之间的可替代性要强了很多。意味着这个平台可能会不稳定，比如说今天可能是滴滴好，明天就是快的或另外一个，所以这个地方我们需要更仔细的分析。

不少地方政府部门和一些专家学者都提出，可以考虑将各种平台整合或者是合并到一个平台。从公共政策的角度来讲，竞争法一般是约束竞争者之间的合作，所以政府引导整合的做法，在国外基本上很少。从价格来讲，价格合谋本身是违法的。平台的一些合作可能会促进竞争和增加福利，比如说信用卡的支付，可以统一设置一个费率，这个是会促进效益的，它可以平衡持卡的用户和商家的利益，同时可以减少双边协商的成本。

另外一个问题是，各个平台之间如果选择合并，政府应该如何应对呢？我们的监管部门如何去评估它呢？平台合并不能采用传统分析方法，必须进行适当的修改。而且由于平台存在很强的外部性。即使合并后，价格上升了，消费者也可能因为平台效应导致福利增加。这和传统的垄断不一样，平台合并之后，平台变得更大了，消费者从中得到的效用也更高了。

所有这些问题表明，无论是从竞争法的角度讲，还是从单纯的效率角度讲，我们都没有明确的理由来支持平台整合成一个。

所以我们还是比较倾向于竞争的平台。竞争性的平台，至少确保了更多的差异化服务。而且竞争也提高了对消费者的补贴，减少了平台的利润。

我们在讨论平台管制的时候要考虑几个问题。第一要区分企业和政府的目标。现在关于平台市场很重要的一个问题是，政府监管机构和出租车公司本身的目标没有特别明确的分开。像苏州是非常典型的将政府和企业的目标混合在一起的例子。第二是很多的市场都具有双边平台特征，其平台属性属于多少而不是有无问题。政府如何判断市场的平台特性对我们政策分析非常重要。

我们上面的分析表明了两点。第一，传统的分析方法不再适用于双边平台市场，无论是掠夺式定价还是成本定价方式，都不能用来评估现在双边平台的定价。第二，平台的数量和用户有关系。如果市场上所有用户都是单边挂靠，多平台可能是会降低服务质量，但多平台同时可以约束平台的过高定价。如果用户是多边挂靠，多平台竞争会提升服务质量，也就是说多个平台的竞争，会有助于消费者。这个结论的含义是，政府引导整合，强力将多个平台合并整合到政府主导的平台上，这个做法很不可取。更一般的结论是，任何一个市场，保持适度的竞争都会利于消费者。

三、创造性毁灭和传统出租车公司

关于出租车软件公司的讨论，我们必须考虑现有的出租车公司的问题。只有全面地讨论现有出租车公司的利益问题，关于打车软件问题的讨论才可能比较完整。新兴打车软件的出现，以及没有牌照的私家车的进入，对现有的通过购买租车牌照的出租车公司和司机形成了一定的影响。

如何评估打车软件和无牌照私家车进入出租市场对现有在位者的影响？

打车软件的出现，是商业上所谓"共享经济"的新兴商业模式的典范。这种共享经济的核心，是提升资源的使用效率，降低成本。以私家车为例，私家车主对自己的车的需求波动是非常大的，车主只是在少数特定的时间里面需要使用车。而在其他时间，他的车可以出租出去。打车软件和偏中高端的约租车市场有效地解决了汽车闲置导致的资源浪费。因此，从资源的使用上看，这种新兴商业模式是值得鼓励和提倡的。

从通过牌照来获得出租服务的出租车公司来看，确实，没有牌照的私家车进入出租市场，部分地影响到了他们的利益。现在需要考虑的是，这种利益的冲突，是正常的市场竞争的必然结果，还是非市场竞争导致的，从而政府必须给予补贴？

我个人的观点是，这是正常的市场竞争的必然结果，是市场经济发展过程中的创造性毁灭的必然结果。如果我们回想一下出租车管制和牌照的发展过程，就会明白，早期的出租车管制，主要是出于标准的缺乏和安全性的考虑。打车软件以及电子支付的出现，实际上大大减少了安全方面的问题。而对于服务标准，目前的研究和实践均没有证据表明统一的牌照和管制会提升服务。相比之下，"专车"服务等针对中高端出租市场的服务则提高了服务标准。可以说，目前全球范围内的传统出租车行业对新兴打车软件和私家车进入租车市场的抵制，更多的是新旧商业模式的竞争。

四、小结

在这篇短文里，我简要讨论了三个问题：（1）公共政策应该遵循的标准；（2）双边平台市场理论及其对打车软件平台竞争的含义；（3）创造性毁灭的新兴商业模式竞争以及对传统出租车行业的影响评估。我的观点是，在分析双边平台的时候，政府的竞争政策应该遵守三个原则，第一个原则是鼓励和促进竞争原则。这个是一般的原则，道理很简单，竞争会提升服务，有利于消费者。第二个原则是独立原则，政府通常要和企业的利益严格的区分开来。要保证利益的独立，避免监管俘获的问题，政府不能成为企业的代言人，这也是一般的原则。第三个原则是我个人觉得在中国目前阶段比较适宜的，尤其是对互联网创新性的企业，当我们没有特别的研究或者是明确的理由来证明市场竞争会损害消费者的时候，我们政府应该尽可能减少干预，或者说应该采取鼓励竞争的做法。如果没有明确的证据表明，企业的这种行为会破坏竞争，政府就应该坚持不干预。

在中国政府鼓励创新，提倡发展高科技和信息产业，引导产业转型的今天，合适的竞争政策会有效地促进创新和竞争。对于打车软件的态度，不仅会影响到一个新兴商业模式的成败，还会成为政府政策的风向标。我们必须理解商业平台的基本理论，才能提出合适的政策分析框架。

参考文献

Farell Joseph, Michael Katz, 2006, "The Economics of Welfare Standard in Antitrust", *CPI Journal-Competition Policy International*, Vol. 2.

Rochet, J. -C., J. Tirole, 2003, "Platform Competition in Two-Sided Markets", *International Journal of European Economic Association*, Vol. 1.

McGrath, Rita Gunther, 2013, *The End of Competitive Advantage*. Boston: Harvard Business Review Press.

钟鸿钧：《谁来保护消费者?》，《21 世纪经济报道》2002 年 12 月 2 日。

钟鸿钧：《慎用政府之手干预商事》，《财新周刊》2011 年第 41 期。

纳什维尔市的反竞争性"黑车"监管条例

马克·W. 弗兰克纳*

同所有大城市一样,雇车交通服务在纳什维尔市(人口 63.5 万,面积 536 平方英里)开通已久。只有出租车可以使用出租车站和路边揽客,除此之外,城市还有只允许通过电话或网络预订的"黑车"以及豪华礼车。

多年以来,黑车服务不在市政监管范畴之内。当服务和车费优于现有的其他出行方式时,纳什维尔的居民和游客便选择黑车服务。2010 年,纳什维尔县议会以 38 票对 0 票,通过对黑车的监管条例。部分条款将使黑车在一半服务线路上失去竞争力。

这种反竞争性的监管条例,对纳什维尔居民和游客的利益造成损害,却让出租车和豪华礼车公司赚取更高利润。黑车公司就此向联邦法院起诉,要求根据保护经济自由的宪法精神,撤销监管条例中最坏的部分。不幸的是,2013 年 1 月,陪审团以 8 票对 0 票,支持上述监管条例。本文记述了上述事件背后的故事,以及为什么上述监管条例实施后,纳什维尔情况开始变糟。

* 马克·W. 弗兰克纳(Mark w. frankean),基石研究咨询公司(Cornerstone Research)的高级顾问,曾任美国联邦贸易委员会经济局(U. S. Federal Trade Commission's Bureau of Economics)反垄断副主任。弗兰克纳在博克哈利(Bokhari)诉纳什维尔市和戴维逊县政府(*Bokhari v. Metropolitan Government of Nashville and Davidson County*)一案中,代表原告撰写抗辩报告。

一、出租车

为了全面了解其中情况，首先简要介绍纳什维尔的租车交通市场。同大多数市政府一样，纳什维尔长期控制出租车车费和数量。三个热门地点〔纳什维尔国际机场、盖乐得奥普里兰德度假村（Gaylord Opryland Resort）和会议中心〕中任何两点与市中心之间的距离为 8 到 10 英里，出租车车费被固定在 25 美元。对于其他线路，车费是起步 3 美元，每英里 2 美元，等候时间另收费。大多数线路，车费加小费只要 25 美元或更少。往来市外郊区和机场或市中心，费用 45 美元或更高。

2010 年以后，纳什维尔市向五家出租车公司发放了 585 张出租车营运证。但对于驾驶员或其他人申请成立新出租公司，以及现有出租车公司申请增发营运证的申请，一律拒绝——尽管这一情况后来也有所变化。

每份营运证纳什维尔市政府向出租车公司每年收取 255 美元。出租车公司转手将营运证租给驾驶员，而驾驶员须自购汽车并负担出租车的运行成本。由于政府通过禁止非出租车车辆在出租站或当街揽客来保护出租车行业免受竞争，并控制营运证的数量，使得想开出租车的人们将营运证年租金哄抬到 7 500 美元到 1 万美元之间。在出租车公司的巨额营运证租金收入和政府拒绝增发营运证的共同作用下，纳什维尔市让出租车公司独享超高利润。重要的是，纳什维尔市出租车数量短缺问题的根源是政府控制出租车营运证数量，而非黑车公司竞争带来的低利润。

二、黑车

2000 年，赛义德·博克哈利（Syed Bokhari）从巴基斯坦移民来美，2005 年在纳什维尔市开起了出租车。具有经营头脑的博客哈利希望自己开公司。纳什维尔市政府否决其成立新出租车公司的申请后，他去了纽约市并在那儿见识到了黑车的盛行。博克哈利看到了在纳什维尔市成立黑车公司的商机，服务水平超过出租车但费用与出租车相当或甚至更低。除了对黑车在出租车站和路旁揽客的限制外，当时纳什维尔市对黑车没有什么监管政策。但是，田纳西州要求这些黑车适用机动车安全和保险条例。

2009 年，博克哈利入籍美国，他开办的公司 Metro Livery，也拥有了 30 多辆车，大多是 5 到 10 年前的旧款黑色林肯（Lincoln Town Car）。2013 年，我搭乘过三辆这样的黑车，其中一辆是 8 年前的款式，里程 38.3 万英里。这三辆车看起来像新车一样，里里外外一尘不染，开起来也像新车一样。驾驶员是本地人或大部分时间生活在这里，他们按照公司要求，穿西装打领带。尽管我对纳什维尔市的出租车没有进行过系统调研，但是打眼一看便留下肮脏和破旧的感觉。

开始时，Metro Livery 公司经营重点还在满足几个小众市场的需求，包括酒店门童安排的行程、需要辅助上下车并指定目的地（如医疗中心的前台）的行程、接送饭店或酒吧饮酒的客人、往返出租车不愿前往地区的行程、范德堡大学学生前往机场以及其他行程需求。

很快，公司便开始多样化经营，在往来市郊居住区与饭店、娱乐场所及机场间的线路上，与豪华礼车开始竞争。Metro Livery 公司能与拥有新款黑色林肯和其他加长车型的豪华礼车公司竞争的关键在于，后者价格高且服务不灵活。豪华礼车跑机场的费用 65 美元或更多，有些还要另加 20％ 的小费。对于其他线路，豪华礼车每小时收费 65 美元起，外加小费，两到三个小时起租。另外，豪华礼车公司要求，预订、变更或取消预订至少提前数小时。豪华礼车公司的运行成本很高，部分原因是车辆和司机经常处于待命状态，并且在任务中间还需折返公司。

与豪华礼车公司相比，Metro Livery 公司的商业模式提供的服务更快捷、行程更灵活、费用更低廉。黑车公司能做到这一点，某种程度上是因为车辆在任务之间无需折返公司。乘客下车后，车辆便就近等待调度，或前往临近客源较多的地区。一些驾驶员甚至在任务间隙将车开回家或开车回家过夜。因此，Metro Livery 公司的车辆平均空驶里程和待命时间要比豪华礼车少很多。这样做可以缩短客人等待的时间、降低每趟旅程的车辆和驾

驶员成本，并可随时预订、修改或取消预订。这也拉低了黑车的
费用标准——但是市政府 2010 年实行最低车费的规定后，这一
优势被削弱。

由于服务水平高且费用相对较低，Metro Livery 公司赢得了
出租车和豪华礼车的乘客，以及自己有车（但饮酒后）、公交转
乘或原本不能出行客户的青睐。公司成功推出上述服务，说明了
这些服务让乘客更方便，同时也创造了很多工作岗位。

三、反竞争性的黑车监管条例

2009 年，市政交通许可委员会（Metro Transportation Li-
censing Commission）工作人员草拟了一份针对出租车以外的雇
用车辆的监管条例，其中包括黑车。然后向服务提供方征求意
见。豪华礼车公司组成田纳西电召车协会（Tennessee Livery As-
sociation）争取自身利益，包括限制 Metro Livery 公司的竞争力。
市政交通许可委员会工作人员还向不同方面，其中包括 Metro
Livery、盖乐得奥普里兰德度假村和纳税人资助的纳什维尔会展
和游客局（Nashville Convention and Visitors Bureau）征求意见。

2009 年初稿中不少条款，都被纳入 2010 年市议会最终通过
并实行的监管条例终稿中。我们这里只讨论两例。第一个是要求
黑车和豪华礼车公司必须在办公地点设立调度。Metro Livery 公
司已经设立了全天调度，受此条款影响很小。但是，小公司主要
靠顾客同司机之间的手机联系。如果此项条款实行的话，要求公
司在办公地点设立调度，将大大增加小公司的成本（此类公司不
少只有一辆车）并有可能将它们逐出市场。另外，纳什维尔市要
求在公司办公地点设立调度的做法，也可能妨碍公司采用高效的
第三方调度服务，例如在华盛顿特区及其他地区广泛应用的 Uber
服务。

第二个是要求黑车每单活儿都要从调度站开出。如果此项规
定实行的话，将砍掉 Metro Livery 能与其他豪华礼车公司及出租
车竞争的优势。

草案中还有规定客户提出用车要求后至少 15 分钟，黑车或

豪华礼车才能接上此客户。但是，盖乐得度假村有自己的客运服务，所以不希望这条要求客人至少等 15 分钟才能搭车去机场的条款通过实施，于是终稿中这条被删去。

条例的草案中并不包括规范黑车收费的条款，但是电召车协会游说市政交通许可委员会，增加有关条款，要求黑车每单最低收费 50 美元。这么高的收费标准将大幅降低黑车同豪华礼车竞争的能力，这么做正好符合电召车协会成员的经济利益。随着相关文稿在市政交通许可委员会和市议会之间来来回回，这项条款也几经删加。最终，电召车协会和盖乐得度假村私下敲定将上述条款放入条例当中。他们将最低收费标准定在 45 美元，电召车协会大部分利益得以保证，同时盖乐得度假村和大酒店的客运服务不在条例管辖之列。因此，盖乐得奥普里兰德度假村往返机场的价格定在 40 美元。

2010 年年中，市议会通过规定时，采纳了上述意见。也许，出租汽车公司并未参与到针对黑车实施监管的游说中。它们不需要这样做。纳什维尔政府早已表明，要保护出租汽车公司。在市区很多地方，市政府与出租汽车公司之间的这种关系，可以描述为"规制俘获"，即代表公众利益的监管部门，却致力于提升被监管公司的经济利益。

四、2010 年年中以来

2011 年 4 月份，Metro Livery 和其他两家小公司向联邦法庭起诉，要求撤销削减黑车和其他提供运输服务的非出租车车辆竞争力的条款。具体针对以下三项监管条款。

1. 45 美元的最低车费。

2. 要求每单生意必须从公司所在地出发。

3. 首次投入使用车辆的车型年限不得超过 5 年，已投入使用车辆的车型年限不得超过 7 年，里程不得超过 35 万英里。

第三条规定的确允许免于执行，但是也给了市政检查人员很大的权力来否决免于执行的申请。因此，未来免于执行会占多大比例，仍然是个谜。通过对比，出租汽车和豪华礼车可以分别运行 9 年和 10 年。另外，黑车和豪华礼车要缴纳 150 万美元的责任保险，而出租车只需缴纳 5 万美元。

上述三项规定中第一条，直到 2012 年 2 月才开始执行，第二条要等 2013 年 1 月试运行结果出来后再定，而大多数超龄和超里程车辆都被允许根据试行安排再运营一年时间。

（一）最低收费的作用

在 45 美元最低车费实施之前，运营机场—奥普里兰德度假村—市中心三角线路的小型黑车公司，车费大多在 15 到 25 美元。服务区域更广的 Metro Livery，其 40％ 的生意收费都低于 45 美元。最低收费的规定实施以后，小型黑车公司将无法运营。最低收费的规定实施以后，Metro Livery 不但无法在机场—奥普里兰德度假村—市中心三角线路上竞争，总体说来在距离短于 15 到 20 英里的行程上，也将失去竞争力。根据博克哈利提供的情况，原先远近程都用 Metro Livery 的老客户，现在因近程车费不合算，干脆远途也不再用 Metro Livery 的车了。因此，Metro Livery 丢掉了近一半的生意，不得不对调度、司机和其他员工进行裁员。公司的净收入快速下滑，如果上述所有条款都通过实施，放宽车辆车龄和里程限制的申请被拒绝，企业将无以为继。

纳什维尔市允许非出租车车辆给提供免费搭载服务。政府律师辩称，45 美元最低收费对黑车的上座影响不会太大，黑车可以对首次搭乘的乘客收取 45 美元车费，同时发放乘车券，这样下一次乘车就可以免费了。但是，Metro Livery 公司的生意下滑证明了类似乘车券对于广大乘车人来说意义不大，对 45 美元最低车费负面影响的消除作用不大，更不用说抵消了。如果纳什维尔市政府坚信所谓免费乘车券可以很大程度上缓解 45 美元最低车费对黑车上座率的影响，那么为什么市议会要禁止并反对任何撤销此项规定的申请，并不惜因此对簿公堂？

（二）增加出租汽车公司和出租车营运证

纳什维尔市的出租车方面出现了可喜的进展。纳什维尔市中心在建大型会展中心，音乐之城中心（Music City Center），将于今年对外开放。新中心举办的各种活动将吸引来更多的游客，让纳什维尔市居民有理由更多往返市中心区域，因此对出租车及雇用车辆的需求将会增加。为了满足不断增长的需求，2012 年 8 月，纳什维尔市增发了 60 张出租车营运证，使得营运证总数从 585 张上升到 645 张。新发营运证中，15 张分给了纳什维尔最大的出租车公司——已经拥有 205 张营运证的 TaxiUSA，15 张分给了已有 90 张营运证的 Checker Cab，剩下的 30 张营运证分给了一家由埃塞俄比亚裔美国司机新组建的出租车公司 Volunteer Taxi。

2013 年 1 月，运输监管部门投票决定再增发 110 张营运证，营运证总数增长到 755 张。增发营运证中，15 张给了 Volunteer Taxi，使其拥有营运证总数增加到 45 张，35 张给了索马里裔美国司机组建的新出租车公司 Tenn-Cab。剩下的 60 张营运证在两家新成立的出租车公司 Quick Cab 和 Green Cab 间分配，这两家出租车公司只使用混合动力车、压缩天然气车和生物燃料车。Yellow Cab 对最近此次营运证增发持反对意见，可能是因为这些新发营运证会使该公司现有 125 张营运证贬值。

（三）对最低车费的辩解

关于 45 美元最低车费，纳什维尔交通管理部门、政客或律师在规定审查、规定实施以及后来打官司期间中，都没有做过可靠的经济论证。事实上，有关经济原则和事实的辩论也都没有做过。

诉讼之前和之中，纳什维尔市政当局辩称，城市需要出租车服务，如果不对出租车服务进行保护，禁止黑车利用出租车站或沿路揽客的话，那么出租汽车公司可能会倒闭。这种论点是胡说八道。美国每个大城市里，黑车都在和出租车竞争，其中只有一少部分城市对黑车进行限制，但从未听说过任何有关出租车业遭到毁灭的报道。政府对市场中出租车总量进行控制，作为市场的补充，黑车让那些偏爱出租车的人们能更容易打上车。

自 Metro Livery2005 年成立至今，纳什维尔市的出租车公司一直保持盈利状态。证据就是人们还在申请出租车营运证，新出租车公司还在不断成立，出租车行业发展到政府允许的最大空间。另外，每年每张出租车营运证，纳什维尔市政府只收 255 美元，而出租车公司却向司机收取 7 500 美元到 1 万美元。出租车公司花在调度服务和日常运营方面的费用，只占上述差价中的很小一部分。

第二项辩解称，如果无 45 美元最低车费，司机将会离开出租车而转开黑车。纳什维尔市政府的律师向陪审团指出，博克哈利便是这样做的。但是上述观点忽略了一个事实，司机停开出租车，他/她的出租车营运证将空出来，别的人可以顶上，这样的话，上路服务的出租车总量并没有减少。

第三项辩解称，45 美元最低车费可以大幅增加黑车司机的收入，理由是此项条款在增加公司利润的同时，也会增加司机的收入。这一观点是错上加错。第一，黑车车费增加后，上座率便大幅下降，以致于利润减少。这点可以以最低车费规定实施后 Metro Livery 实际经营情况为证。第二，假设与事实相反，即便黑车公司因为政府要求收取高昂车费而赚到更高的利润，高昂的利润并不能激励公司给司机更高的工资。黑车公司给司机发多少工资，主要由劳动力市场供求关系决定。事实上，纳什维尔市所谓的 45 美元最低车费，已经造成了大量黑车司机、调度员和其他工作人员失业。

第四项辩解称，45 美元最低车费可以保证纳什维尔市对于游客和各种会展更具吸引力，可以把破旧的黑车淘汰出市场。持此观点的人显然没有坐过 Metro Livery 的车，Metro Livery 的车绝大多数都是状态保持极佳的黑色林肯。我认为，它们的车况比绝大多数的美国出租车都好。事实上，45 美元最低车费会提高成本，让租车交通服务更不方便，使得纳什维尔市失去对游客和会展的吸引力。

第五项辩解称，45 美元最低车费可以减少乘客对黑车车费的困惑。但是，实际上没有证据证明乘客对车费感到过困惑。黑车的调度或司机会在行前明确告知乘客车费情况。与此相对，如果搭乘出租车的话，乘客只知道抵达目的地后按照计价器上显示的金额交钱，但是如果司机不选择最近路程或遭遇堵车的话，费用会上涨不少。事实上，任何对车费进行的底价限制，并不能增加乘客的福利，而乘客们往往对过高的收费十分在意。

（四）对调度条款的辩解

诉讼之前和之中，纳什维尔市政府工作人员对要求黑车每单行程都要从公司调度站出发的条款，给出诸多十分奇怪的解释。这些解释包括：

1. 黑车如果没有停在调度站，有可能失控，会遭到不可察觉的方式破坏，进而危及乘客安全。

2. 如果黑车一天里数次回到调度站，那么公司有可能发现司机忽视的车辆损坏情况。

3. 如果黑车集中保管在一个地方，城市检查人员更容易找到它们并进行检查。（不用杞人忧天，城市检查人员从来不会检查汽车。）

4. 黑车每趟活儿后都回公司一趟，如果乘客在黑车上落下手机或钱包，那么乘客就更容易找到失物了。

5. 开公共汽车的司机从来不把公共汽车开回家过夜，那么为什么黑车公司就允许他们的司机开车回家呢？

纳什维尔市是在浪费纳税人的钱，让工作人员和顾问们编造上面这些废话，并呈给联邦法庭陪审团。

（五）联邦法律

Metro Livery 指出，纳什维尔市对黑车的 45 美元最低车费和调度要求，违反了第十四修正案中有关经济/职业自由保护条款。上诉案件在陪审团参与下，于 2013 年 1 月 22 日至 25 日进行了审理。法官要求陪审团根据建立在所呈证据上的事实以及法官认定的事实所涉相关法律，进行判断。要让陪审团在任何一项诉求方面做出有利于 Metro Livery 的判断，作为门外汉的我认为陪审团必须得出如下结论：理性人认定相关条款不会增加一项或多项政府合法权益。这就是所谓的"理性基础"测试。在这项地方交通的案例中，政府合法权益就是提升公共安全或增加出租车服务的可用性。

没有人要求陪审团考虑政府合法利益增加的程度及监管条例实施的成本。于是，纳什维尔市这项提升每人最多 1 000 美元的安全水平，却带来 10 万美元的其他方面损失（例如，交通工具更不好找）的法案，最终胜诉了。

纳什维尔市聘请国际运输监管协会（International Association of Transportation Regulators）总裁马修·道斯（Matthew W. Daus），为被质疑的条款提供辩解。代表原告的非营利公共利益法律事务所司法研究所（Institute for Justice），雇用我对道斯申诉的论点进行经济分析。但是，法官裁决陪审团不用听取条例实施之后才来到现场的顾问的陈述。

（六）法庭裁决

法官裁决，原告反对车辆车龄限制条款的证据不足，驳回原告请求，未呈给陪审团。陪审团以 8 票对 0 票，支持纳什维尔市对黑车实施 45 美元最低车费及调度要求的合法性。陪审团不用解释，为何理性人会认为上述法案有可能至少增加一项政府合法利益。

五、纳什维尔之外

对黑车实施反竞争性监管条例的城市，不只有纳什维尔市。纳什维尔市是目前 16 个对黑车实施最低车费限制的城市之一。另外 15 个城市实施的最低车费（参看表 1）。第 16 个实施最低车费限制的是俄亥俄州托莱多（Toledo，Ohio），要求黑车每英里收费不得低于 2.3 美元，这个标准相对较低，比出租车 2 美元起步每英里 2.3 美元的标准还要低。

表 1 中的 15 个城市中，有 12 个属于美国 50 个人口最多的市区统计区域。例外的是阿肯色州温泉城（Hot Springs，Ark.）、阿肯色州小石城（Little Rock，Ark.）和俄勒冈州梅德福市（Medford，Ore.）。事实上，全美 50 个最大市区统计区中，76% 未对非出租车的雇用车辆设定最低收费标准，证明纳什维尔市所谓最低车费对于出租车服务业十分重要的观点是站不住脚的。但是，仍有十几个城市实行了这种反竞争性的法案，这说明否认自

由市场能增加大多数人群福利，转而增加特定少数人群利益的错误做法，依然大有市场。司法研究所正在与俄勒冈州波特兰市的黑车服务提供商合作，努力推翻该城市最低车费的相关规定。

纳什维尔不是唯一一个通过限制车龄来提高黑车服务成本的城市。亚特兰大市（Atlanta）、纽约州布法罗市（Buffalo, N. Y.）、芝加哥市（Chicago）、休斯敦市（Houston）、小石城（Little Rock）、纽约市（New York City）、西雅图市（Seattle）和加利福利亚州温莎市（Windsor, Calif.）也对投入服务的黑车车龄或退出服务时的车龄，抑或两个方面同时做了限制。

除纳什维尔市反竞争性监管条例外，有些城市还对黑车另有规定。为了保护出租车而进一步伤害了居民和游客的利益，五个城市要求居民和游客上黑车前，至少提前 30 分钟预约：佛罗里达州杰克逊维尔市（Jacksonville, Fla.）要求提前 30 分钟，迈阿密市（Miami）和俄勒冈州波特兰市（Portland, Ore.）提前 1 小时，马萨诸塞州伍斯特市（Worchester, Mass.）提前 2 小时，马萨诸塞州林恩市（Lynn, Mass.）提前 8 小时。布法罗市、新泽西州普林斯顿市（Princeton, N. J.）和伍斯特市还对雇用车辆的总量进行了限制。

表 1　黑车运营所需最低车费（美元）

最低车费 （不含小费）	辖区	备注
15	滨水市	纽约市区内
25	佐治亚州亚特兰大市（非接送机） 阿肯色州温泉城	
30	阿肯色州小岩城	俄勒冈州梅德福；佛罗里达州奥兰多
35	马萨诸塞州林思布	波士顿城区内
40	佐治亚州亚特兰大市（接送机）； 佛罗里达州希尔斯堡	希尔斯堡属于坦帕市辖区
45	田纳西州纳什维尔市	

续表

最低车费 （不含小费）	辖区	备注
50	俄勒冈州波特兰市	非接送机行程的最低车费 比一般出租车费高出 35％
55	德州奥斯丁市	最低车费（含小费）为 70 美元
70	佛罗里达州迈阿密市	
105	路易斯安那州新奥尔良市	然而，接送机车程最低为 61 美元加小费

六、结论

2010 年，纳什维尔市议会对黑车服务实施了反竞争性限令。这些限令损害了纳什维尔居民和游客的利益，导致出租车和豪华礼车公司赚取超额利润。司法研究所认为，上述限令违反了宪法中对经济自由权和同等法律保护的相关条款，因其与政府合法目标之间不存在理性关系。2013 年，陪审团否决了上述指控，维持了这些限令。

对于纳什维尔居民和游客来说幸运的是，2012 年年中至 2013 年年初，该市增发了 170 张出租车营运证（增加了 29％），并将其中 140 张发放给新成立的出租车公司。尽管如此，对于非出租的雇佣车辆实施的最低车费和调度方面的限制条款，仍然造成消费者的损失、资源的错误配置，并影响到 Metro Livery 等一批公司的发展机会。

封面故事

碳排放的正确价格应是多少？

气候变化破坏性后果的不可知性，使得碳排放定价复杂起来

鲍勃·李特曼*

随着对气候变化的忧虑与日俱增，政策制定者们面对一个困难的问题：今天的人类社会该如何花钱，来保护子孙后代免于温室气体排放所导致的未知风险？有两个问题使得经济学家很难确定碳排放的合理价格。第一，环境损害出现前通常会有很长一段时间，这让我们当前很难对其进行衡量。第二，低可能性但高破坏情况的后果基本上很难预测。

对碳排放征税，经济学家之间并无分歧。价格能给生产者和消费者带来合理的激励机制，引导他们减少排放并将其用于更高价值用途。这样做可以将人类经济活动排放的温室气体对未来造成损害这一外部性内化。靠价格手段配置稀缺资源，远比当前的指令控制性政策手段要强很多。当前的政策手段包括利用公共补贴和行政指令推动某种化石燃料替代物的使用。

碳排放税的税率应该是多少？从最低每吨二氧化碳 5 美元（相当于每加仑汽油加税 4 美分），到最高每吨 100 美元（每加仑汽油加税 1 美元），各方观点莫衷一是。目前，经济学家一致认同的是，上述宽泛价格区间的下限。可惜与上述努力相悖的是，

---

* 鲍勃·李特曼（Bob Litterman），Kepos Capital 对冲基金公司合伙人。

根据国际能源署的数据，对化石燃料消费的平均补贴（主要来自发展中国家）是每吨二氧化碳补 16 美元。根据全球大气研究欧盟排放数据库（The European Commission Emission Database for Global Atmospheric Research）估计，2011 年二氧化碳排放 333.76 亿吨，补贴 5 230 亿美元。

一、气候变化可以套期回避，抑或是一种风险？

由于损害出现尚需很长一段时间，气候变化造成损失的现值对折现率十分敏感，而折现率却在当前市场中无法观察到，同时也很难证明。不过有趣的是，关于这些可能损失的估价问题是本次讨论中不同意见较少的部分。经济学家一致认为，子孙后代有能力应对平稳的气候变化的平均影响。损害的现值通常被定在每吨二氧化碳 5 到 35 美元。美国政府近期将损失现值定在每吨二氧化碳 20 美元，国际货币基金组织建议每吨 25 美元。

在如何应对这种不确定性的问题上，争议更大。事实上，经济学家在气候变化效应方向的问题上意见很难统一。一种观点认为，相对能正确反映出预期损失的价格而言，排放所带来的风险事实上降低了二氧化碳排放的合理价格。另外一种观点认为，排放带来的风险提高了合理价格。

经济学家通常认为，全球真实人均实际收入每年增长 2 个百分点，意味着人们未来远比现在富有。根据对真实收入颇为悲观的预测，在不考虑气候变化损害的情况下每年增长 1 个百分点，50 年后人们收入将比今天高出 64 个百分点。按照每年 2 个百分点的经济增长率来算，人均收入将高出 169 个百分点。根据世界银行公布的数据，最近几十年里，尽管近期发达国家遭遇经济衰退，过去 50 年里平均增长率达 2.8 个百分点，过去 10 年间达 3.8 个百分点。按照每年增长 2.8 个百分点，预计人们 50 年后收入将是今天的 4 倍，100 年后将是 16 倍。

那么气候变化是如何影响这些经济增长的可能性的？更快的经济增长速度，多半意味着更高的排放水平，因而造成更多相关的气候损害。也就是说，在经济增长高企的情况下，气候变化的损害也会增多，并将降低经济增长。与此相对，如果未来经济增长放缓，排放水平相对低一些，气候变化的损害从低速发展经济中扣除的也更少。因此，很多经济学家将气候风险视为减少潜在经济增长离差的因素，更是冲抵其他影响未来经济福利的随机因素的潜在套期手段。

从这个观点出发，问题的关键在于，相对经济增长的不确定性，已知的气候变化的影响是否很小。所有人认为，一段时间里，相对财富创造的不确定性，已知的气候变化的冲击很小。如果上述预测是正确的，将风险溢价考虑进二氧化碳排放价格的做法，与只考虑预计（平均）损害相比，将会带来与降低合理价格相矛盾的影响。

但是，也有观点认为气候相关的损害程度不确定。存在一个很小的几率，气候变化不仅降低经济增长，还有可能造成灾难式的经济下滑。这种情形需要正面的反馈；例如，气温升高造成永久冻土带内的甲烷大量释放出来，引发灾难性气候变暖，并超出了子孙后代的适应能力。那么当今社会应该如何理性地给这种未知的、低可能性后果的几率进行定价？

二、不可分散风险的经济学

社会今天应该投入多少钱，来冲抵未来的气候风险？当风险属于可分散的——也就是说与整体经济其他坏结果没有数据关联——保险的价格只与平均损害有关。可分散风险的保险成本，就是对未来可能（平均）损害的折扣价值的简单计算。给火险定价便是一个很好的例子。有关火灾风险分布的实验性证据及利率水平，决定了火险价格。风险厌恶并不计入保险价格。

当然，没人敢给子孙后代提供抵抗天气灾难的保险。灾难性天气风险属于不可分散风险。不可分散风险与可分散风险是不同的，它的风险溢价由社会风险厌恶心理决定。社会能做的就是给此项风险合理定价。大气安全吸收二氧化碳的未知能力可以被视作稀缺资源、不可再生资源。温室气体排放定价机制，与其他不可再生宝贵资源的定价机制十分类似。那么社会应该对使用此类资源的成员征收多少费用呢？

对二氧化碳排放的定价应该足够高，才能激励人们避免未来的损害，科学家和经济学家对于可以避免灾难性风险显得信心满满。如果现在将价格定得足够高的话，现在和未来的人们会大量放弃本可以进行的消费行为。如果价格维持在过低水平上，未来的人们将面对超出理想状态的可能损害、高于必要水平的温室气体排放价格，以及更大的灾难发生可能性的情形。

对于价格的第一个决定性因素是，日益严重的排放造成的气候损害的净现值的不断增长。气候影响有很多种类。有些是积极的，例如高寒地带气候变暖。另外一些则是消极的，例如海平面上升和海水酸化。这些可能成本和收益的近期净值，便是回答上述问题的起点。

对于价格的第二也是更不确定的决定性因素是远期发生损害的价值，但那时人们将比现在更富有同时也将拥有更好的技术手段。经济学家通常预测，未来人们将从相对较大的收入中拿出很小一部分，用于适应可能的气候冲击。

如果我们能完全确保气候变化的最坏可能性在未来可以被成功控制的话，那么只关注平均损害，以及那些未来发生的损害便有了实际意义。排放仍然需要立即定价，但是今天的合理价格将维持在较低的水平上，并随着损害的增加缓慢增加。

耶鲁大学经济学家威廉·诺德豪斯（William Nordhaus）多年前提出的相对温和的观点已被众多经济学家接受，却在 2009年遭到哈佛大学经济学家马丁·魏茨曼（Martin Weitzman）提出的质疑。魏茨曼提出了一套"抑郁定理"（Dismal Theorem）。魏茨曼认为，潜在的灾难性后果的极小可能性，使得给今天排放定最高价是不可能的。定律并不能为排放确定合理的价格，且依赖一个无限的效用函数。尽管很多经济学家对此持反对意见，但是魏茨曼成功地将这一学术讨论引向了新的方向。

三、为高风险、低可能性事件定价

魏茨曼定理提出的问题，证明了灾难性后果发生几率的根本不确定性。很显然这些情况的发生极不可能，但是上述情况的几率是否与投硬币连续出现5次、10次或50次人像的几率相当？掌握合理的几率一定会有很大的不同，但是没有办法知道最接近真实的情况。

给今天的碳排放定价的另外一项重要考虑，是温室气体减排带来的当前和未来成本很难确定，以及适应高气温、其他已知和潜在未知影响的成本很难确定。一旦排放定价确定下来，随即便会产生研发减少温室气体排放的技术的激励机制。通过这些激励机制，即便无法做到确认无疑，但也很可能会开发出未知技术，大幅缓解气候问题。合理价格是否还在每吨二氧化碳20到25美元的这个常规区间，或是潜在灾难会让价格攀升？

在最近发表的论文中，麻省理工学院经济学家罗伯特·平迪克（Robert Pindyck）问："早期采取严格的温室气体减排政策，以国内生产总值2％到3％的成本投入，是否会大幅减少排放并控制温室气体在大气中的富集过程？"（与之相对，根据平均效果预测出来的价格，小于国内生产总值的1％。）"简言之，对于实施成本高昂，且50年或100年后才会显现出高度不确定成效的严苛政策，的确在经济效益方面值得深入探讨。"

平迪克并没有直接回答上述问题，而是将未知因素列举出来。"我们只是不知道，如果本世纪末全球平均气温上升3到5摄氏度，我们的生活会变得多糟糕。事实上，我们可能永远都不能解决这些不确定性（起码在未来的50年里）。事实上，高温的影响不但是未知的，同时也是不可知的。"他得出结论："如果要实行严格的减排政策，那么必须基于潜在灾难性后果的分析。"

但是，平迪克指出，存在着大量与温室气体排放无关的低可能性、高损害的情形。他写道："读者们可以启动想象力，自己来找例子，我能想到的包括恐怖核攻击或生物攻击（比'9·11'还要惨烈），高传染性的'超级病毒'肆虐，或者与温室气体及气候变化无关的环境灾难。"他得出结论，社会担负不起积极应对上述所有威胁的压力。

魏茨曼和平迪克在很多问题上观点一致。他们都认识到，敢于面对灾难性后果的重要性。但是，平迪克拒绝回答问题，而魏茨曼支持应对灾难性风险而采取的预防措施——尽管他也未将这种反应措施进行量化。用他的话来说："定性来说，厚尾理论（Fat Tails）更多偏向降低温室气体排放的更激进政策，而不是'标准的'收益—成本分析。量化定义却更加不清晰。"

那么该如何看待平迪克提出的，人类面对的众多其他潜在低可能性、高损害的风险？魏茨曼写道，"不可忽略的潜在毁灭性的全球灾难——生物科技、纳米科技、小行星、'奇异物质'[1]、大瘟疫、失控的破坏性电脑、核扩散"大量存在。"这种情况可能是"，每种情况都"应该有一套自己的可能性分析并附带对政策影响的大致预估，也就是对这种潜在灾难我们还能做些什么"。尽管如此，魏茨曼总结道，"我认为气候变化尤其令人不安"。

四、社会折现率

即便不存在什么不确定性，我们还应确定今天要投入多少资金，以便能在遥远的将来得到既定收益。不少有关如何对后果进行折价的文章，都是毫不相关并令人迷惑的。如为未来特定日期获得固定数量财富，个人愿意放弃多少当下的利益，答案肯定是千奇百怪，很难用任何常规理论来衡量。幸运的是，上述研究结果并不用来回答二氧化碳排放定价问题，主要因为一方面社会层面的漠视与个人层面的漠视是不同的概念，更重要的是，无论如何终究会产生一个可以看得见的市场价格，告诉社会和个人，为了得到将来既定数量的利益，时下应该放弃多少利益。

可以通过无风险债券的收益曲线，来确定不同时间段下预计损失折价的最合适比率。眼下这种无风险债券收益曲线最好的代表就是美国通货膨胀保值国债（Treasury Inflation Protected Securities，TIPS）。这些利率可将当前财富无风险转换成未来30年中任意日期的期货。

为了讨论方便起见，忽略各种不确定性，我们假设一个简单

---

[1] strangelets，就是一种很奇异的物质，它可以把所有碰到的物质，变成和自己一样的奇异物质。如果撞出这种东西来，它就会一点一点地，将整个地球转变成这种奇异物质。——译者注

的例子，排放 3 吨的二氧化碳，将造成未来 30 年一次性损失 100 美元。进一步假设，（按照年折现率 1.7％）市场价值 60 美元的无风险国债，预计 30 年后收益 100 美元。所以，无论政府就此发放债券，还是对 3 吨排放造成的损失进行投保，未来 100 美元损失的纳税人负担都是一样的。上述简化案例中，3 吨二氧化碳排放的合理税收应是 60 美元，相当于每吨 20 美元。为了准确计算上述损失的现值，没有必要掺杂道德考虑或个人喜恶因素。

长期无风险国债的历史真实收益率在 1％到 2％，但是，使用上述数据过程中注意以下限制条件。很显然，如果损失在 30 年后出现并存在不确定性的话，那么合理的折现率便很难确定。气候变化的影响十分深远，可能会延续上百年。一些经济学家讨论，将上述收入曲线延长超过 30 年期限的话，我们应该使用较低或递减的折现率。例如，在尼古拉斯·斯特恩（Nicholas Stern）勋爵向英国政府提交的气候变化报告中，基于伦理角度的考虑，使用了较低的折现率。

长期低水平的折现率的小幅变动，会在遥远未来带来巨大的变化。所以，折现率的选择会对损失预防的当下投入产生深远影响。例如，100 年后 10 亿美元的损失，如果按照每年 2％的折现率计算，目前只相当于 1.38 亿美元的现值，但如果按照每年 0.5％的折现率计算，则相当于 6.07 亿美元，四倍于前者。

随着经济学家的注意力从预计气候损失转移到潜在的灾难性风险，他们在金融市场上的注意力也随之转移，从债券市场的无风险利率转移到不可分散风险的风险溢价。我们掌握的社会对不可分散风险定价的主要方式就是股权风险溢价——其与国库券的利率相关。这部分溢价莫名其妙的大，反映出社会的风险厌恶高到难以置信的程度。但问题是如此高水平的社会风险厌恶对排放定价的影响，很大程度上取决于气候变化是被视作风险，还是套期冲抵。

五、风险定价经济学

对风险溢价决定因素的研究，开始于 20 世纪 60 年代的资本资产定价模型（Capital Asset Pricing Model，CAPM）。在这个简单的单因素单期平衡模型中，核心结论是任何资产的风险溢价，都由该资产收益及市场收益的协方差——学术上称之为"贝塔系数"（beta）——决定。

上述理论的原理十分浅显。在市场平衡时，所有投资者持有投资组合，投资组合中每项资产对风险的贡献都以其贝塔系数表示。在市场趋好，收益为正的时候才有收益的资产，通常风险较高，而且价值较低。它们会要求更高的风险溢价。那些在行情不佳情况下仍有收益的资产，具备类似保险的特征，使其价值更高，且风险溢价较低。任何不同于反映资产贝塔系数水平的风险溢价，都会给投资者带来投资激励，以便调整投资组合，导致风险溢价朝向均衡水平运动。

尽管实际证据证明上述理论可信度存在一些问题，但是基本原理是正确的。在市场环境趋好的情况下，资产收益率通常较高。从历史上来说，几乎所有国家，资产平均回报率都出奇的高。资产价值缩水时仍有回报的金融工具（做空），波动性同样的大，但是具备保险类的回报类型：市场艰难时仍能得到正回报，但是平均收益时则出现负收益。

资本资产定价模型是一个简单实用的模型。在市场趋好的背景下赢得较高回报的投资项目（额外资金价值较低），其风险溢价更高。那些在市场惨淡背景下，仍能类似保险一样带来回报的投资（额外资金价值更高），其预期收益较低。

投资减排工作会带来回报，尤其是出现严重气候变化损失的情形下回报更高。如果因为气候灾难损失拥有足够的潜在威胁，气候变化风险主导经济发展风险，那么合适的排放投资折现率就会降低，而无风险利率和当下二氧化碳排放的价格会上升。上述情况下，气候风险的贝塔系数将会变成负数且绝对值很大，减排投资也将提供保险收益。另一方面，增长风险总是占主导地位，因为灾难性损失几乎不太会发生，而小型气候损失通常会发生在经济强劲发展、局势向好且边际效用较低的时段，而此时气候风险的贝塔系数为正数，折现率会比无风险利率要高，二氧化碳排放价格也会较低。

根据减排收益和消费的分布情况，从风险角度考虑减排价格的冲击，体现出社会风险厌恶的程度。正如资产高收益规律分布展示的那样，高水平的社会风险厌恶程度，预示着上述风险考虑时刻存在。金融市场的信息显示，如果灾难风险无法根除的话，那么将潜在灾难情形及高社会厌恶度结合起来，意味着合理排放价格将会大幅上升。

在绝大多数经济模型中，两方面重要的经济考虑——用来折算预计损失的无风险利率和风险溢价的规模——是相互关联的。通常的方法是将两方面概念融合到一个变量中：社会效用函数的曲率。

不幸的是，正如数十年前金融市场显现出来的那样，一个参数不可能同时既满足低利率，又满足高资产风险溢价。这种不相容性是资产风险溢价之谜的问题核心。为了解决这个问题，金融经济学家提出更通用的效用函数，调整后可以适用低真实利率和高资产风险溢价。这些效用函数采用两套不同的参数，来标明不同时段的效用，用时下消费与未来消费作比较：跨期替代和风险厌恶。前者用利率表示，后者则用资产风险溢价表示。

这种双参数校准公式的确有用，因为在标准气候模型中，只有一个效用曲率参数，通常适用于低利率水平。与历史利率水平相合的低曲率，意味着一定程度的风险厌恶，过低的情况下不会与金融市场中效用风险溢价相合。标准效用公式的高曲率，可能会造成风险厌恶升高，但是在气候模型中，与高利率相关的更大损害折价，最终会超过不断增加的风险厌恶的影响。用一个参数来表示两个效应的意义在于，在气候模型中，随着曲率的不断增加（风险厌恶增加），将降低二氧化碳排放价格。

若并不针对上述问题，经济学家通常会预测一个非常低的曲率，以便能适应我们在债券市场中低利率的情况。具有讽刺意义的是，上述做法却排除了这套模型中的所有有关风险的考虑。既没有套期增长，也没有灾难风险出现在上述模型中。

但当采用更加灵活的效用公式后——金融市场中能见到的兼顾低无风险利率和高资产风险溢价的效用公式——有关以套期经济增长来应对灾难风险的观点，才真正起作用。

以套期来应对风险的观点也会影响到排放价格的未来之路。合理的二氧化碳排放价格有望根据排放造成损失折算后的价值不断增加。如果采用套期措施,折现率将相对无风险利率上涨,排放价格也将高速增长。这是常规观点,证明了预计排放价格将以每年 3 到 5 个百分点的速度增长。很多经济学家也持上述观点。

另一方面,如果假定灾难性风险占主导地位,那么折现率将会低于无风险利率。这种推断的含义在于,理想的现今价格将会更高,而排放价格也应随着时间缓慢增长。采用这套方法,可能使得当前价格高于传统意义上的价格,但是同时也会使未来 30 年的价格低于传统水平。如果风险溢价足够高的话,那么保险收益可能带来负的折现率,如此高的排放价格将会随着问题的解决和不确定性的消失而降下来。

上述结果后面存在一个简单的认识。设想沿着陡峭的山路骑着自行车冲下来,一边是万丈深渊,而前面有一个急转弯。如果你属于风险耐受型,并且十分有把握能顺利通过急转弯的话,你会慢慢刹车,并随着接近转弯处不断增加刹车力度,以便稳妥骑车过弯。但是,如果你属于风险厌恶型,并且担心超速失控而冲出悬崖的话,你会立即狠刹车,直到感觉能完全操控才慢慢松手。

六、结论

气候变化属于风险管理问题。如果我们确认气候变化的最坏结果可以在未来得到圆满解决的话,那么排放的合理价格便会低于无风险利率折算的平均损失,因为气候变化损失可以套期。如果人们相信科学上推断出的情形的确存在,气候变化的最坏结果将给未来的消费带来灾难性影响,那么排放的合理价格将会比无风险利率折算出的平均损失要高。

当然,最基本的问题是,根据风险控制经济学提供的理论,答案的核心要靠各种不可知事件。不可预测及不可管理的灾难的风险有多大? 我认为,在不确定的大背景下,采取谨慎的方法权衡灾难后果成本与套期未来经济发展的潜在收益是可行的。最好是立即对碳排放进行定价，价格不能低于（当然最好是高于）未来损害现值的合理预测水平，并且允许价格随着新信息合理浮动。

延伸阅读

William Nordhaus, 2008, *A Question of Balance：Weighing the Options on Global Warming Policy*, New Haven：Yale University Press.

Frank Ackerman, Elizabeth Stanton, and Ramon Bueno Stockholm, 2012, "Epstein-Zin Utility in DICE：Is Risk Aversion Irrelevant to Climate Policy?" *Environment Institute -U. S. Center working paper*.

Michael Greenstone, Elizabeth Kopits, and Ann Wolverton, 2011, "Estimating the Social Cost of Carbon for Use in U. S. Rulemakings：A Summary and Interpretation", *National Bureau of Economic Research Working Paper* No. 16913.

Martin Weitzman, 2009, "Fat-Tailed Uncertainty in the Economics of Catastrophic Climate Change", *Review of Environmental Economics and Policy*, Vol. 5, No. 2.

Martin Weitzman, 2009, "On Modeling and Interpreting the Economics of Catastrophic Climate Change", *Review of Economics and Statistics*, Vol. 91, No. 1.

Larry G. Epstein and Stanley E. Zin, 1989, "Substitution, Risk Aversion, and the Temporal Behavior of Consumption and Asset Returns：A Theoretical Framework", *Econometrica*, Vol. 57.

Robert Pindyck, 2012, "The Climate Policy Dilemma", *Working paper*.

Robert Pindyck and Neng Wang, "The Economics and Policy Consequences of Catastrophes", *American Economic Journal：Economic Policy*, forthcoming.

Rajnish Mehra and Edward C. Prescott, 1985, "The Equity Premium：A Puzzle", *Journal of Monetary Economics*, Vol. 15, No. 2.

无法确定正确价格情况下给碳排放定价

尽管仍有许多未知因素，但我们还要对碳排放征税

罗伯特·S. 平迪克*

几乎所有的经济学家都赞成，碳燃烧给社会造成的真实成本远大于个人成本。碳燃烧会向大气中排放二氧化碳及其他温室气体（GHGs）。经过一定时间积累，浓度不断增加的温室气体，将带来令人讨厌的气候变化：全球气温升高、气候变化莫测及海平面可能上升。碳燃烧对社会带来外部性，造成的成本不是由燃烧碳化合物的个人或企业承担。外部成本指的是碳排放的社会成本（SCC），也是提出开征碳排放税或类似总量控制与交易制度（cap-and-trade system）的基础。

但是，关于碳排放社会成本的共识并不太多。一些人认为，全球气温上升相对温和，而且会历经相当长的时间，对大多数国家的经济影响微不足道。如果这一观点是正确的话，那就意味着碳排放的社会成本很低，大约每吨二氧化碳 10 美元，碳排放征税税率很低，甚至低到可以忽略，大约每加仑汽油征税 10 美分。也有一些人认为，如不立即实行严格的温室气体减排政策，气温极有可能大幅上升，带来毁灭性的后果。此派观点认为碳排放社会成本很高，每吨二氧化碳 100 至 200 美元，相当于要对碳排放开征高昂的赋税，每加仑汽油征税 2 美元。

* 罗伯特·S. 平迪克（Robert S. Pindyck），麻省理工学院斯隆商学院东京三菱银行经济学和金融学教授。

到底哪派观点是正确的？为什么两派观点差距如此之大？对碳排放征税的力度是否可以相对小一些，起码开始时执行这样的政策？或者为了应对可能的灾难性后果，征收高昂的碳排放税作为一种"保单"，引发碳排放的大幅降低？

开篇我先简要分析影响气候变化以及碳排放社会成本的各种基本不确定性因素。接下来，我将解释为什么很难准确量化碳排放的社会成本。然后，我会讨论气候灾难的可能性及后果：未来50到100年全球平均气温上涨幅度，将远大于目前气候科学家预测的平均数值，并会对全球国内生产总值的增长带来严重及不可挽回的损失。如果这种可能性可以定价的话，那么该定在什么水平上呢？我提出一个简单但实际的政策建议：关于这个问题，我们首先要承认碳排放成本尽管很难确定，但确确实实是存在的（是的，几乎所有的经济学家都赞同这一观点，但并非所有政治家都对此认同），这样才能证明开征碳排放税是合理的。除了要立即开征所谓碳排放税之外，还应调整对气候变化及其影响研究的方向，侧重更好地认知气候灾难发生的可能性。

一、为什么不知道正确的价格呢？

气候变化及其可能后果的不确定性很大，使得严格的温室气体减排政策的经济效益讨论很难有明确的结果。关于不同气候变化后果的可能性，以及这些后果不确定性的性质和程度，气候科学家及经济学家莫衷一是。关于气候变化影响的意见，分歧更大。事实上，我们对气候变化的影响认知甚少，部分是适应的原因（气候变化很慢，通常需要数十年），部分是对可能减少温室气体排放和/或促进适应方面的技术认识不足。最后，评估温室气体减排的架构意见也不一致，包括用来衡量远期收益的社会福利功能和折现率。

在诸多意见不统一和不确定性的背景下，美国政府如何得出碳排放社会成本约每吨20美元的结论呢？是通过三组综合分析模型（IAMs）的研究，得出上述预测的：耶鲁大学威廉·诺德豪斯（William Nordhaus）提出的气候经济动态整体模型

（Dynamic Integrated Climate and Economy model）、剑桥大学克里斯·霍普（Chris Hope）提出的温室效应的政策分析模型（Policy Analysis of the Greenhouse Effect model），以及萨塞克斯大学里察德·托尔（Richard Tol）和密歇根大学大卫·安特霍夫（David Anthoff）共同提出的气候框架不确定性、谈判和分布模型（Climate Framework for Uncertainty，Negotiation，and Distribution model）。上述综合分析模型，将温室气体排放及其对气温的影响（气候科学模型）与减排成本及气候变化对产量、消费及其他经济变量（经济模型）的影响整合在一起。模拟都是"最可能发生"的情况（例如，上述模型中的气候及后果影响，都是90％可能会发生的情况）。根据折现率，上述模型的平均碳排放社会成本在5到40美元，预计2050年会上涨到16到65美元。如果采取"公认的"3％的折现率，那么平均碳排放社会成本将维持在每吨20美元上下。

我们是否能断言碳排放的社会成本就是每吨20美元？不幸的是，答案是否定的，上述研究有两个致命的缺陷。首先，即便我们预测上述三个综合分析模型中的气候科学推断是准确的（事实上都是不可靠的预测），上述模型（或者说大多数模型）中提出对经济影响的对策也是特定的，几乎没有任何预测价值。典型的综合分析模型都会包括损失函数，将气温升高与国内生产总值的下降联系起来。但是这种损失函数缺乏经济理论支持，基本上算是杜撰出来的。上述损失函数更缺乏数据支撑，所选参数不过是现实气温温和上升（2到3摄氏度），带来"貌似合理的"温和损失（例如，国内生产总值的1到2个百分点）。另外，一旦我们讨论气温大幅上升（例如，5摄氏度或更高），确定其带来的经济损失就完全靠猜了。人们可以在综合分析模型中加入高温因素，但是结果不过是没有任何实例或理论基础的猜测罢了。

第二大缺陷是综合分析模型忽略了灾难性气候结果的可能性。此处所提的结果，并不仅指气温大幅上升（或其他气候指标的大幅变化），更指的是气候变化造成人类福利下降的深远经济影响。（正如鲍勃·李特曼在《碳排放的正确价格应是多少？》一文中所说的那样）问题是，灾难性后果的可能性是碳排放成本关注的核心问题。我们完全迷失了方向，综合分析模型完全忽略了灾难性后果，不可能对碳排放社会成本进行有意义的预测。

即便我们忽略了灾难性后果的可能性，并根据综合分析模型得出的现值采取经济应对措施，我们仍然要面对碳排放社会成本的极大不确定性。首先，每吨 20 美元的预估是根据预先设定的 3% 的折现率计算出来的，这一折现率是没有什么根据的。折现率高（更好地反映市场回报）将使得碳排放社会成本现值更低，折现率低（更加关注子孙后代的福利）将使得碳排放的社会成本更高。正如我近期在《环境经济学及管理期刊》（*Journal of Environmental Economics and Management*）上发表的论文所指出的，温室气体减排的社会价值直接受折现率的影响，也受社会对风险的厌恶程度影响。以现在经济学家对折现率真实价值及风险厌恶程度的观点相左的情况来看，不难得出在碳排放社会成本方面存在很大的差异以及不确定性。

二、灾难发生的可能性

考虑到综合分析模型不能提供有关灾难性后果的可能性或可能后果，我们如何将这种可能性加入到对碳排放社会成本的分析当中呢？如果我们能够确定可能性及可能后果，我们将采用什么样的折现率，来避免上述后果的发生？以我们对上述可能性和可能后果知之甚少的情况为背景，我们将如何对可减少或消除灾难性气候后果的减排政策进行收益分析？

正如李特曼所述："没人能给子孙后代提供抵抗天气灾难的保险。灾难性天气风险属于不可分散风险……（折现率）的风险溢价由社会风险厌恶心理决定。"但是，正如我上面所述，关于社会风险厌恶的程度，各方意见相差很大。如果将气候灾难视作对有效资本存量（产出和消费减少）的消减，那么就会提出可以反映整体资本收益率的折现率——大约 4% 或更高。但是，如果放在从现在算起 50 到 100 年的时间里，这笔收益的现值将会很小（即便收益很大）。

事实上，合适的折现率的确很低。第一，如果气候灾害意味着消费大幅下降，那么也同时意味着消费的边际效用很高。第二，人们将温室气体减排政策视作一种保险：社会购买保险确保低概率的气候灾害（或其造成的经济影响）不会发生。购买这种保险，与虚值看跌期权（out-of-the-money put option）类似。此类保险的实际折现率，与看跌期权的有效折现率相类似，通常很低（低于无风险折现率）或甚至为负数。根据这种保险成本（例如温室气体减排对社会造成的成本），事实上应该购买这种保险并投资减排事业，即便气候灾难只会在遥远未来发生。这从另一方面表明碳排放社会成本可能很高。

　　除了折现率以外，确定碳排放社会成本，还需要对气候灾难发生概率及可能后果进行预测。如何才能完成这一任务呢？在我们目前所知甚少的背景下，提出一套详细复杂的类似综合分析模型的理论模型，不大会有什么实际意义。可能，我们目前能做的就是，对能造成灾难性后果的气候变化进行粗略、可信的预测，然后根据灾难规模进行损失预估（例如，国内生产总值下滑，或者有效资本存量减少）。这一方法被用于对"消费灾难"的近期研究中，所谓消费灾难就是能大幅减少消费的事件（例如，超过10％）。罗伯特·巴罗（Robert Barro）发表的《2009年美国经济评论》（2009 *American Economic Review*）论文中，稍晚我同王能（音译，Neng Wang）共同撰写的《美国经济期刊：经济政策》（*American Economic Journal*：*Economic Policy*）及相关论文中，灾难通常都是偶发事件，影响也是对资本存量（以及相伴的消费）的随机减少，损失部分按照简单概率分布。巴罗预测灾难发生的平均概率，以及从过去一个世纪里某国消费数据提出灾难损失分布参数；平迪克和王能根据宏观经济和财政数据推断出上述数据。但是对于气候变化来说，灾难性后果发生之前，通过面板数据或宏观经济数据来推断影响，都是不现实的。

　　分析灾难性气候后果与分析冷战时期全球最大的灾难性风险有些类似，即美苏之间发生热核战争。这一灾难发生可能性有多大？没有数据或可靠的模型，产生**可信**的预测结果。但是，分析必须建立在可信的事件基础上，也就是即使可能性很低，也要建立在可能发生的事件上。同样的方法也有助于分析热核战争的可能后果。这些分析是有实际意义的，因为它们有助于分析军事控制协议的潜在收益（成本）。

我们可以用同样的方法来分析气候变化灾难。首先，用生产资本下降的百分比（一段时间以来国内生产总值下降），来分析考虑灾难性后果（例如在没有温室气体减排政策的情况下）。其结果可能是离散的（例如三个可能的灾难性后果）或是连续的。接下来，考虑什么是可信的可能性呢？这里的"可信的"，是指会被相关经济学家和气候科学家所接受的。根据上述可信的后果和可能性，我们可以计算出减排政策的收益，来避免上述灾难后果发生或降低发生的几率。以碳排放税的形式将减排成本表达出来，便产生了碳排放社会成本。（正如综合分析模型模拟中所得的"最可能"预测情况相同，碳排放的社会成本也会逐年增加）。预测碳排放社会成本还是会以折现率和风险厌恶程度为基础。如果上述变量的估计范围合理，那么对与之密切相关的巨大可信的预测结果，就是十分有益的了。

这种预测碳排放社会成本的方法并不具备综合分析模型的那种精确度。但是那种所谓的精确度，很可能只是虚幻的。论及不可知的数量时，最好的办法可能就是靠这种"可信度"分析。

三、该怎么做？

正如上面所述的那样，我曾指出我们对碳排放社会成本并不了解，也不可能从综合分析模型中确定这个成本。如果我们关注"极可能出现的"情况，气温温和上升，影响有限，碳排放社会成本将维持在10到40美元，对碳排放征收小额税收。但是，"最可能发生的"情形通常是不足为虑的。我们应该更加关注不太可能发生但具破坏性的情形，例如，气候灾难的可能性。根据可能性、潜在的影响及时机，有可能将碳排放社会成本推高到每吨200美元（尽管我并不太想预测这些数据）。

我们要优先完成两项任务：第一，我们应该将跨部门工作小组估计的20美元，作为初步且政治上可以接受的下界，并实行这一标准的碳排放税（或类似的政策）。当然，气候变化是个全球问题，我们应该迫使其他国家采取类似的减排政策。总有一些"搭便车"的国家，但是这绝不能作为拖延行动的理由。

在我们对碳排放税的税率知之甚少的情况下，为什么非要现在就实行这种税？因为重要的是，现在就确认碳排放社会成本的存在，并将这种社会成本内化到消费者和厂商看得到摸得着的价格体系中去。然后，随着对碳排放社会成本的真实规模认识加深，便可根据实际情况增减调整碳排放税率了。

第二项任务与气候变化研究有关，过去二十多年中此方面研究蓬勃发展。气候变化研究大部分精力用于气候变化的自然科学方面：温室气体浓度上升对气温、降雨和全球不同地区气候变量的动态影响。目前研发的模型只根据不断变化的温室气体浓度，描绘出"最可能发生的"结果，对于极端后果的可能性及可能后果却所言甚少。问题是极端后果的研究靠的是反馈参数，而这方面我们仍然理解甚少，也不能通过任何可靠方式进行预测。如果对气候变化的经济作用进行模型化，情况会更糟。正如我前面讲过的那样，考虑到目前理论和数据方面匮乏的情况，我们几乎无法预测高温对经济的影响。粗略分析只适用于气温温和变化（最可能发生的）的情况，与极端气候变化后果无关。这意味着综合分析模型对气候变化的分析，不太可能涉及所有情况，作为政策工具来说，用途十分有限。

我们都知道了"最可能发生的"情况只支持开征小额度的碳排放税，但是并没有特殊意义。真正重要的是气候灾难后果发生的可能性，并不简单是气温和海平面的大幅升高，而是灾难性物理变化带来的**经济**影响。我们需要对极端气候变化后果的可能性，提出可信的预测，对这些后果的影响进行可信的预测。

那么，如何对碳排放进行定价？我已经解释清楚，回答这个问题十分困难，为何不能从本文所提的各种模型中得出答案，以及为何征收高额碳排放税——如果实现的话——必须建立在潜在灾难性后果的分析上。这将是未来气候政策研究的重点。

延伸阅读

William D. Nordhaus, 2008, *A Question of Balance: Weighing the Options on Global Warming Policies*, New Haven: Yale University Press.

Richard Tol, 2002, "Estimates of the Damage Costs of Climate Change, Part I: Bench-mark Estimates", *Environmental and Resource Economics*, Vol. 22.

Michael Green-stone, Elizabeth Kopits, and Ann Wolverton, 2011, "Estimating the Social Cost of Carbon for Use in U. S. Federal Rule-makings: A Summary and Interpretation", *NBER Working Paper* No. 16913.

Robert J. Barro, 2009, "Rare Disasters, Asset Prices, and Welfare Costs", *American Economic Review*, Vol. 99.

The Interagency working Group on Social Cost of Carbon, 2010, *Technical Support Document: Social Cost of Carbon for Regulatory Impact Analysis*, the Interagency Working Group on Social Cost of Carbon. February.

Robert S. Pindyck and Neng Wang, "The Economic and Policy Consequences of Catastrophes", *American Economic Journal: Economic Policy*, forthcoming.

Chris W. Hope, 2006, "The Marginal Impact of CO2 from PAGE 2002: An Integrated Assessment Model Incorporating the IPCC's Five Reasons for Concern", *Integrated Assessment*, Vol. 6.

Robert S. Pindyck, 2012, "Uncertain Outcomes and Climate Change Policy", *Journal of Environmental Economics and Management*, *February*.

William D. Nordhaus and J. G. Boyer, 2000, *Warming the World: Economic Models of Global Warming*, Cambridge: MIT Press.

政治和气候变化

什么阻碍了碳税？

徐晞林 *

鲍勃·李特曼（Bob Litterman）对于气候变化经济学的讨论作出了重要贡献。他剖析了针对气候政策的争论，设法使非专业读者获得对于资本资产定价模型（Capital Asset Pricing Model，CAPM）理论的基本理解，以及如何运用于气候政策。在我看来，这篇论文应作为气候政策研习者的必读文章。有关气候变化和气候政策的争论趋于僵化，无甚新意。李特曼的论文确有不同且有所裨益。

尽管我对于他相当一些有关气候科学和气候政策文献的评价论断并不赞同，我仍然这样说，在我看来这些论断是基于稍有过时的文献作出的。但是这仅仅强调了他的假设性结论：碳排放应当被标价，且该标价应当高于大部分经济学家认为是最优价格的水准。

一、两派言论

李特曼的论点是：像一个对冲基金经理所作的那样，气候变化的风险正被进行有用的分析。为使气候政策对那些质疑它背后的科学依据的人更有说服力，像碳税那样，一项气候政策有时被

---

* 徐晞林（Shi-Ling Hsu），经济学家，佛罗里达州立大学法学院教授。

描述为一项针对气候变化风险的保险手段。但这是错误的，气候变化的风险是无法被分散的。气候变化的损害赔偿诉讼的情况是，许多相互独立的诉讼在短时期内分别被提出。私人保险公司未曾，也几乎不能分散像飓风桑迪那样一项会带来 500 亿美元损失的事件的风险，更不用说气候变化预期将带来更多数量的强飓风。如果气候变化将同时带来更强的飓风和洪水，私人保险公司便更少介入。李特曼的洞见是，气候变化因此变成一个纯粹风险规避的问题。

如果你不能分散风险，问题就变成了："你有多愿意承受风险？为了承受风险你将要求多少？"并不令人惊奇的是，这一问题的回应者分为两派：风险规避型气候政策拥趸和风险偏好气候政策怀疑论者。这两派的相同点极少。

但是李特曼的论文对此进行了进一步钻研。从根本上说，为什么，当涉及气候变化时，有些人是风险规避型，而有些人是风险偏好型？很明显，答案的部分依赖于人们对于气候变化科学的看法。气候政策怀疑论者倾向于质疑气候科学的稳健性。但是一个更为微妙的观点是，因为气候怀疑论者并不相信气候变化的风险高到可以抑制经济发展，他们更加倾向于风险偏好。

风险偏好派的一些成员或许将气候变化看作一个对冲，而非风险，因为来自于气候变化的损害将自行降低经济增长，因此而减少排放。换言之，气候变化，由于其与经济增长和温室气体排放的紧密联系，提供了其自身的负面反馈机制。由于气候变化带来的经济损失以极长的时间单位滞后于排放，李特曼为这一观点进一步提供了超过它所应获得的佐证。滞后的负面反馈机制将导致暂时的但是次优的高排放动态路径，并会带来次优的高额损失。关于气候变化的对冲观点在这一点上存在瑕疵。如此，李特曼的观点是准确的。这两种观点的结合使得这一派成员相信无论经济学家怎么说，碳排放的价格应当被降低。如李特曼指出的，这一观点基于相信气候变化带来的损害尽管是不可分散的，也不是灾难性的。

二、未来损害

此处，我对李特曼的两处论断进行辩论：

1. 灾难性损害的风险是"明显……非常不可能的"。

2. 经济学家又一个普遍共识：未来世代将能够相对平稳地处理气候变化的平均影响。"

当谈到预测时，气候科学家十分审慎，但是说灾难性损害明显非常不可能发生不再是一个站得住脚的说辞。良性回馈效应仍然不确定，但如果气候科学潮流中有论断的话，那就是认为它们变得越来越令人担忧，而非相反。其次，经济学家被马丁·魏茨曼（Martin Weitzman）有关气候变化的灾难性损害的探讨文章深深影响，诸如，鉴于灾难性损害的可能性和严重性，如今的"一般共识"变得并不那么乐观。毋宁说，为风险偏好进行的最强有力的辩论是由经济学家罗伯特·平迪克（Robert Pindyck）提出的（李特曼对此也进行了讨论）：有许多潜在灾难性风险，包括流行性疾病的风险、核事故，或者"逃亡无赖计算机"；为什么对气候变化进行优待？除了引用魏茨曼的言论以总结气候变化是"尤其地令人担忧"外，李特曼并未解决这一点。在任何情况下，李特曼的框架对于脱离泛泛空论不无裨益：并非对两方均以"非理性"或"非科学"的理由加以摒弃，尝试解释为什么人们或多或少规避风险是不无裨益的。

李特曼的第二个贡献在于他试图解释社会对于气候变化的风险规避。如果我们需在风险规避和风险偏好中作出选择，我们该如何选择？此处李特曼引用股权和政府债券间"令人疑惑不解的"巨大的产出差异。投资者看来可要求的来自于股权的风险超级收益说明投资者（社会大众）比经济学家可能设想的要更加风险规避。这也使得其自身调节到一个合适的社会折扣率。对于气候风险的更多的厌恶意味着社会对于承担风险将要求更多，以及替代使用金钱的所需回报将更高，带来其后投资的更高的折扣率。正如其结果，我们所考虑的（或者说是感觉的）有关气候变化，是一个风险容忍的问题。

人们可能争论说，无法收集来自于任何经济社会的社会风险容忍和社会折扣率。顺便提到，它可能是李特曼用来研究风险的投资者并不代表一般社会风险偏好，更低收入的人口样本可能更加风险偏好。如果的确如此，那么大量分布仅仅反映最富有人群的风险规避，而世界上剩余的较贫困人口完全愿意容忍风险，其结果不会与他们现在的处境有太多不同。但是即便有可能确定每一个人的风险偏好，这是否告诉我们如何为碳定价？

三、政治信念

在李特曼的方法下，确定社会风险偏好与气候科学的知识挂钩。在存在不确定信息的情况下究竟是我们所搜寻的社会风险偏好问题，还是有关对于工业社会和环境偏好的态度问题？在由耶鲁气候传媒项目和乔治梅森大学气候变化传媒中心联合开展的调查中，将自己归类为"非常保守主义"的被调查者比将自己归类于"非常自由主义"的被调查者对于气候变化的威胁表示轻视的可能性多 20 倍。原因何在？为什么共和党人相对于警惕气候变化，更有 4.5 倍可能轻视气候变化？为什么民主党人相对于轻视气候变化，更有 7 倍可能警惕气候变化？这里还有什么别的因素吗？气候政策真的是一个我们如何操作我们的知识限度的行为问题或者哲学问题？借用前国防部长唐纳德·拉姆斯菲尔德（Donald Rumsfeld）的话，我们在应对"未知的未知"——我们深知并不知晓自己无知的事物。我们如何对待自己的无知是一个经济问题吗？

就这一问题，我的回答仍然是：是。说气候科学是不可知的和说企图了解这一科学都是并无意义的，是对法国后现代主义的屈从。将知识的不完美状态视作达到目标的机会（moving goalposts）对于进行任何研究，任何讨论和任何进步是有必要的。如果并无事物被暂时接受为真实，因而值得挑战，那么并无任何事物可被挑战。另一可行之道是甩手宣布失败。后现代主义者的地狱是一个只有赤裸裸的权力，并无通过知识或者道德进行制衡和智慧的地方。李特曼的"锱铢必较"（three yands and a cloud of dust）对于充满太多唇枪舌战和令人不安的后倾向于怀疑事物可知性的现代主义者的气候论战，是一次有价值的进步。

四、关于税收

这将留给我们什么？李特曼的结论是推荐一种"并不低于，并有可能远高于预期未来损害的折现值"的碳税。相对于目前美国的一般意见接受清洁空气法案（Clean Air Act）管辖而言，这显然更令人喜爱。即使是每吨二氧化碳 10 至 15 美元的低碳税，对于将气候变化政策视为对冲的风险偏好者中的一部分而言，也是可接受的。李特曼告诉我们，即使对于风险偏好者，"排放当然应当被立即定价，但合适的价格如今应在一个相对低位"。在米特·罗姆尼（Mitt Romney）的总统竞选中，他的三名顶级经济顾问——凯文·哈西特（Kevin Hassett）（美国企业协会），格伦·哈伯德（Glenn Hubbard）（哥伦比亚大学商学院院长）和格里高利·曼昆（Gregory Mankiw），（哈佛大学教授和乔治·W. 布什总统的前总经济顾问）——曾呼吁至少实施适度的碳税。对于风险规避型，低碳税胜过什么都没有，对于他们而言，甚至比清洁空气法案下的管制更好。

由于碳税看起来似乎与最大多数人的风险偏好相匹配而"尝试"碳税的方式仍不甚令人满意。它仍然陷于不确定的气候科学中，且不能解答如何应对我们对于气候变化的无知这个问题。我在过去形成的一个想法是为未来气候结果建立一个预期市场。我的方案是，最初碳税定于一个较低水平，在未来每一年里编入该年气候结果的一篮子指数：

1. 全球平均温度；
2. 畸高或畸低温度天数；
3. 极端降雨时间；
4. 干旱时间持续时间；
5. 全球平均海平面；
6. 海洋酸度；
7. 三，四或五级飓风。

如果这七类气候结果被证明是如气候科学家预测的那样严重，则指数碳税将升高；如果不是那样严重，碳税将维持在一个低水平。该移动平均算法可被用作抚平浮动。

指数碳税的意义并不在于刺激使排放减少；如上述讨论，气候变化造成的损害远滞后于排放，以至于这个税难以在正确的时刻"发挥威力"。毋宁说，其意义在于为预期市场建立一个责任背景。我的建议是，在这个指数碳税内，为一小部分许可建立一个上限和交易项目，该许可可以在将来被兑换，以避免支付指数碳税。该许可将获得税收单一豁免，并远在赎回日之前被拍卖。我们所期待的是，未来许可的价格将反映未来气候结果的市场预期。该上限和交易项目是预期市场，一小部分排放者获得指数碳税的豁免。该"税、上限及交易"项目提供气候变化科学的市场意见，经洗刷不含杂质，也不含理想主义。

我的建议的目标是去除气候科学的感性部分。并不令人惊异的，为温室气体排放定价带来了一些非经济问题。看来似乎是无论你试图多么客观和依据数据评判，气候变化冷酷地将你拉入无法解决的价值判断和道德争论的沼泽中。诚然，气候科学有时提供了世界怀疑论的理由，但尖锐刺耳的纷争将理性的论述排除在外。

李特曼并不是唯一一位以这种新颖的方式讨论气候变化的经济学的人，但这一短文是我在长时间以来读到的最有收获、最富洞见的一篇。

参考阅读

Shi-Ling Hsu, 2011, "A Prediction Market for Climate Outcomes," *University of Colorado Law Review*, Vol. 83.

Anthony Lieserowitz et al, 2011, "Global Warming's Six Americas in March 2012 and November 2011," Yale University and George Mason University.

最优碳税是否合理？

政治势力威胁将碳税推向过高

丹尼尔·萨特[*]

鲍勃·李特曼（Bob Litterman）讨论了决定碳排放量的最优价格或者税收。这一实践阐明，就经济角度而言，气候变化并不是灾难性的，在最终决定征收此类税收中时，这可能只是最微不足道的因素。尽管如此，碳税一旦实施，或会被轻易提高到一个抵消经济增长的数目。试图计算最优碳税会带来不欲的后果——使发生重大政策失误的可能性提高。

初次实施时，碳税税率不会被定于一个永久的水平线上。如李特曼指出的，最优税率或会随时间的推移而增长，而有关气候变化或其后果的新信息也会使最优税率得以更新。实施一项新的税收应当包括一项未来可进行调整的机制。尽管如此，最优税不能被精确计算，有关损失的数量和损失的可能分布的不确定性排除了该计算中的精确性。即使有此意愿，国会仍无法致力于依据经济最优化问题解决方案来确定税收。这一情况并不出乎意料，因为效率问题在逻辑上是明晰的，但实施起来困难重重。

征收碳税将我们置于已被接受的调整税率的机制中。许多经济学模型所列举的税率范围的案例具有很强的说服力（每吨5至25美元），因为即使有人对于气候变化及其对于社会的潜在负面

＊ 丹尼尔·萨特（Daniel Sutter），特洛伊大学 Mannuel H. Johnson 政治经济中心的查尔斯·科克（Charles G. Koch）经济学教授，乔治华盛顿大学政策研究中心访问学者。

影响高度存疑，相对于0，实际成本的可能性更接近0.2。另一方面，如果税率远高于上述经济学模型所指的范围，碳税则可能是个经济灾难。

过度税率可能因为三个原因而产生。第一，即使是在经济模型的范围内，可预设说，大量增加目前碳排放的成本。如果真正灾难性影响可能产生或者灾难性损失足有可能，最优税率将会增加很多。如李特曼指出的，气候变化显示了不确定性而非风险，我们并没有证据可以排除真实灾难性后果的分配概率。其结果是，这一调整程序可以轻易脱离任何紧密锚定。

第二，许多人基于经济效率的原因反对设定碳税。一些科学家和工程师相信，碳排放必须在接下来的50年中减少到0，从而避免灾祸的发生。其他支持者则视气候变化的威胁为达到基本社会变化的手段。就算碳排放税为每吨100美元，这相当于每加仑汽油1美元，这不足以令美国人放弃开车。许多选民会要求征收远高于任何计算出的经济最优的碳税税额，或会进行政治游说以大幅提高税率。如此，即使基于效率框架建立起碳税，一旦税收和调整机制设立，税收会基于其他理由增加。

第三，政治均衡建议这些游说利益的平衡。基于效率建议实施碳税的人会反对任何效率水准之上的碳税增加，但是他们反对的强度将依赖于他们与效率价格相关的损失，对于一个恰好多于效率水平的价格而言，这一损失很小。效率的鼓吹者仅仅计较可能的效率价值范围外的价格增长。同时，主张逐步停止使用化学燃料的鼓吹者将进行全力施压，以期自效率水准始提高税率。对这两个游说团体的政治平衡将不可避免地导致高于效率水准的价格，尽管每个团体的整体的政治影响力类似。其结果是，从经济角度而言的有效价格就政治平衡而言并不真实。

当一个小额碳税可能带来净收益，从政治角度而言，我们的选择可能是过度或禁止征税及完全无税这二者。一旦碳税工具确立起来，自由裁量将导致一个过高价格。如果政府的自由裁量权不能被加以限制，公民的唯一出路便是完全不允许政府加以行动。气候变化支持者的狂热或会具有讽刺意味地使得通过一项效率税率的可能性变小。此处争议是一个次优性质的争议：并不是说任何量级的碳税均有害,而是说,平衡征税比无税更糟。

预期经济增长为碳税这一个案提供了观察视角。如伊多尔·高克兰尼(Indur Goklany)所争论的,2100年或者2200年的未来时代即使所有气候变化均未缓和,也要比人们今天的情形好得多。这显示,从最优碳税中获得收益将很小。但不能保证未来的增长,尤其是如果针对气候变化的激进政策采用的情况下,将排放减少到零的碳税可能转移为碳排放定量。适度的税收将不会使得化石燃料的使用减少到零,而能将之减少到零的大额征税将导致避税。由此,命令与控制政策将被要求将化石燃料使用定量趋向于零。鉴于能源使用驱动经济,碳定量排放将有效地催生能源中央计划。

计算最优税率或会带来不乐见的后果——更有可能发生这样的灾难。如果最优碳税将每加仑石油价格提高25美分,谁可能反对这一税率?经济学家提供了一个令人消除戒心的碳税案例。但是关于税的许诺是出了名的靠不住。第16修正案部分被通过是因为美国人被承诺只有富人需支付收入所得税。一旦机制建立,政客们将根据可预测的政治势力确定税率。

经济增长是人类历史中的例外情况,而非正常情况,增长仅在市场经济机制建立的情况下开始。能源中央计划将迫使放弃生产要素的市场分配。鉴于获取利益的潜力在于减少碳排放,碳税可能导致增长的终结、政府计划的"恩惠"。尽管灾难性场景常被提及以激励针对气候变化的行动,真正的灾难将是允许过度碳税而破坏繁荣。

延伸阅读

Gary Becker, 1983, "A Theory of Competition among Pressure Groups for Political Influence," *Quarterly Journal of Economics*, Vol. 98.

Indur Goklany, 2009, "Discounting the Future," *Regulation*, Vol. 32, No. 1.

Daniel Sutter, 1999, "Discretionary Policy Imple-mentation and

Reform,"*Journal of Economic Behavior and Organization*, Vol. 39.

Steven J. Davis, Long Cao, Ken Caldeira, and Martin I. Hoffert, 2013, "Rethinking Wedges", *Environmental Research Letters*, Vol. 8.

James M. Buchanan, 1987, "The Constitution of Economic Policy," *American Economic Review*, Vol. 77.

Geoffrey Brennan and James M. Buchanan, 1985, *The Reason of Rules*, Cambridge: Cambridge University Press.

Sam Peltzman, 1976, "Towards a More General Theory of Regulation," *Journal of Law and Economics*, Vol. 19.

不确定性是双方面的

大卫·R. 亨德森[*]

在关于政府应该如何给"碳排放"定价的谈论中，鲍勃·李特曼（Bob Litterman）从不确定性的作用、破坏的规模以及经济增长方面阐释了一些精彩的观点。然而，他在不确定的作用方面考虑得还远远不够。碳排放对人们的生活有影响，对这种影响不确定性的更深层次判定催生了一系列合理政策，其范围要超出李特曼的想象。

一、技术

我首先指出我跟李特曼拥有共同观点的重要问题：经济增长的重要性。李特曼提到，即使是颇为悲观的预测，社会收入每年只增长 1 个百分点，那么"在不考虑气候变化的情况下，50 年后人们的收入将比今天高出 64 个百分点。"他推论，气候风险"为减少未来潜在经济增长离差的因素"，因此它是"冲抵其他影响未来经济福利的随机因素的潜在套期手段"。这是一种重要且复杂的观点，我们可以预期从一个思考风险和对冲的人那里听到这样的声音。

---

* 大卫·R. 亨德森（David R. Henderson），胡佛研究所研究员，加利福尼亚州蒙特雷市海军研究生院商业和公共政策研究院经济学副教授。《简明经济学百科全书》（The Concise Encyclopedia of Economics，Liberly Fund，2008）。

他还阐释了另一个不那么复杂、但可能同样——或者更加——重要的观点：技术的作用。他写道，在遥远的未来，当气候变化影响像很多人预期的那样变得比今天更极端，趋向伴随社会财富与收入一同发展的技术也会变得更好。这种更好的技术将帮助我们应对乃至逆转全球变暖的负面影响。

这种关于经济增长和技术的观点超越了李特曼的立论所在。有可能几年以后，我们就能拥有"地球工程"技术，即从容操控地球气候的能力。正如经济学家罗伯特·墨菲指出的，如果当我们认为全球变暖是一种严重的威胁时，地球工程可以成为一种避免全球变暖的低成本手段。在实行某些代价高昂的环境政策之前，我们等待的时间越长，我们节省的开支就越多，而进行环境工程的条件也越好。

二、经济学家的忧虑

在其他两个问题上，我跟李特曼的意见相左。

第一个问题是经济学家的共识。他写道："对于给碳排放定价的好处，经济学家之间并无分歧。"这种看法错了，分歧是存在的。我就是一名经济学家，而我对给碳排放定价的好处并不确定，我将在后面说明原因。也许李特曼不小心夸大了自己的观点，因为他又在同一段落中写道："靠价格手段配置稀缺资源，远比当前的指令控制性政策手段要强很多。当前的政策手段包括利用公共补贴和行政指令推动某种化石燃料替代物的使用。"这倒是真的，但说 A 比 B 更好并不意味着人们对 A 的希求没有分歧。

第二个问题是不确定性所扮演的角色，这是我跟李特曼分道扬镳的地方，也是他文章的焦点。他承认，他对于不确定性的推论并没有引出关于碳排放政策的任何确定结论。他写道："当然，最基本的问题是，根据风险控制经济学提供的理论，答案的核心要靠各种不可知事件。"不过，在他文章的最后一段，他得到了一个确定的政策结论，他写道：

　　我认为，在不确定的大背景下，采取谨慎的方法权衡灾难后果成本与套期未来经济发展的潜在收益是可行的。最好是立即对碳排放进行定价，价格不能低于、当然最好是高于对未来损害现值的合理预测水平，并且允许价格随着新信息合理浮动。

　　我认为李特曼将很难来证明自己的结论。它似乎更多的是一种预感，而不是他已经在文章中确立的观点。

　　但还有一个更加根本的问题。对李特曼来说，不确定性是单向的。通览他的文章，每次谈到不确定性的时候，都是关于全球变暖的后果将会变得多么糟糕。只是稍稍遭到破坏，还是迎来一场大灾难？看看少了点什么：他没有考虑到全球变暖可能有利这个可能性；他也没有考虑这样一种可能性，即全球变暖不仅可能有利，而且它还有可能抵消全球变冷可能带来的潜在灾难性破坏。我并不是一名气候科学家，所以我不知道全球变冷会是什么样。但我有足够的分析能力知道，如果我们不能确定——就像李特曼承认的那样——那么我们就要考虑那种可能性。

　　什么会导致地球变冷呢？云量发生变化？在接受 Discover 采访时，哥本哈根丹麦国家航天中心太阳气候研究中心主任亨里克·史文斯马克（Henrik Svensmark）表示：

　　　　我们都知道（二氧化碳）温室效应是基于预测 50—100年后天气如何的气候模型，但这些气候模型根本无法真正模拟云的变动，因此它们都非常差劲。当你观察这些模型，就会发现它们偏离的百分数是以数百计。众所周知，云是所有气候模型当中的主要不确定性因素。因此，我们用来进行这些预测的工具实际上并不非常出色。

　　我再次强调，作为一个门外汉，我无法评估关于云和全球变暖的证据和说法。但我知道，不确定性是双方面的。如果我们对未来会发生什么所知甚少——我和李特曼都认为的确如此——那么我们应该持谨慎态度。他的谨慎让他提倡更高的碳排放税率而不是反过来。我的谨慎让我得出结论：我们应该继续研究这个问题，并对更多的研究持开放态度，而不是过早地执行一套解决方案。我们应该对技术解决方案进行更多的研究，不管它是适应性方案还是地球工程方案。

我持谨慎态度的不仅是关于全球变暖的科学，而且还有政治制度。如果政府开始征税，那么这种税就很难终结，即使新信息告诉我们应该那样做。某些利益集团会进行游说，以让征税继续下去。哪些集团？或许是替代性非碳基能源产品的生产商，这个集团近年来已经展示出非凡的能量。任何关注法律制定方式及其内容的经济学家应当是最早对提倡新方案或征收新税持谨慎态度的一批人。

如果我们对未来会发生什么所知甚少——我和李特曼都认为的确如此——那么我们应该持谨慎态度。

延伸阅读

Marion Long, 2007, "Sun's Shifts May Cause Global Warming", *Discover*.

Robert P. Murphy, 2009, "The Benefits of Procrastination: The Economics of Geo-Engineering", *Library of Economics and Liberty*.

论奇黑利斯盆地成本—收益分析

以西海岸传奇案例论述此类分析可能适得其反

赖安·斯科特　小理查德·O. 泽布　泰勒·斯科特[*]

数十年来，学者们一直致力于开发能够有效评估针对公共问题所制订的各种政策的方案。成本—收益分析法（Benefit-cost Analysis，BCA）便是上述努力的成果，一直以来为政策制定者、政府机构以及其他政治角色所使用。然而，BCA 的实际应用与其学术定义有极大的差异。我们将通过华盛顿州奇黑利斯盆地流域管理以及制定防洪政策的实例，阐述所谓"理想型 BCA"与"官僚型 BCA"之间的区别。

奇黑利斯盆地是华盛顿州第二大盆地，一个多世纪以来由于防洪及基础设施政策的问题一直是政治积怨之地。BCA 在此地的应用不仅没能缓解政策上的僵持和各方争议的局面，反而使问题变本加厉。奇黑利斯盆地是应用 BCA 来评估河流盆地防洪政策的"典型"。简而言之，我们以下叙述的实例具有典型意义，并非罕见特例。

历史学家西奥多·M. 波特（Theodore M. Porter）在他 1995 年的著作《相信数字》中指出："美国行政机构在 20 世纪 20 年代

---

[*]　赖安·斯科特（Ryam Scott）、泰勒·斯科特（Tyler Scott），华盛顿大学伊万斯公共政策学院（Evans School of public policy）博士研究生。

小理查德·O. 泽布（Richare O. Ierbe Jr.），华盛顿大学伊万斯公共事务杰出教授（Daniel J. Evans Distiguished Poofesson of Public Affairs），并担任该校成本—收益分析中心主任。

到大约 60 年代对成本效益分析法的运用……与学术研究无关，反而与政治压力及行政冲突更为相关。"波特展示了"官僚手段"转换为"合理化的经济学原理"的过程。但是，官僚环境下的 BCA 应用却并没有得到太多的关注。从官僚角度来看，这样的应用不仅强调成本与收益的价值，并且重点关注官员如何利用 BCA 来组织或影响决策过程。

一、案例：奇黑利斯盆地面对的难题

奇黑利斯河流经华盛顿州西南部，位于西雅图市以南、俄勒冈州波特兰市以北约 80 英里处，形成了该州第二大河流盆地。它向北流经奥林匹克山脉，南至威拉帕丘陵，东到喀斯喀特山脉，最终从格雷斯港注入太平洋。盆地人口总计约 13 万。

奇黑利斯河于 2007 年 12 月 3 日爆发的洪水使得一百年来关于如何让盆地不致被河水淹没的辩论再次火上浇油。据一份洪灾评估统计，此次洪水共导致经济损失 1.66 亿美元。洪水对该州的整体经济也造成了影响。该洪灾导致西海岸交通要道 5 号州际公路关闭 5 天之久，同时还导致了南北方向铁路货运主干道停止运行。华盛顿州长克莉丝汀·格雷瓜尔宣布盆地为灾区，并保证将提供资金以防止洪灾再度发生。

然而两年以后，还没等到任何政策落实，奇黑利斯河再次没过河岸，洪水袭击了同样的区域并导致州际公路再次关闭。几年间两次洪水相继导致高速公路被迫关闭，并对本地经济造成严重损失，使得当地各利益相关方连同华盛顿州交通部和市长办公室开始努力寻求解决的政策，并为该政策谋求资金援助。这样一来，他们就加入了从 20 世纪初期推行联邦防洪项目以来本地公民、地区政府、州级和联邦组织以及印第安人部落一直参与其间的奇黑利斯盆地洪水政策辩论。

奇黑利斯河的洪水问题一直十分棘手。自从 19 世纪最先定居的农民在当时奇黑利斯土著部落居住的卡马斯大草原（camas prairies，得名于植物卡马夏）开田耕种起，洪水便一直破坏农业生产，使普吉特海湾地区和哥伦比亚河之间的交通往来中断。

最早记载的大规模洪灾发生于 1887 年，导致两人死亡。之后的数十年间，奇黑利斯河持续泛滥。当地人民为了修路，在道路上铺满了木板，这样马匹和车辆便不致陷入泥泞。冬天来临时，人们不再使用道路，而是以独木舟作为主要的交通运输工具。联邦政府直到 1944 年才开始研究可能解决盆地洪水问题的计划。这项研究涉及了一种新的决策框架：成本—收益分析。

二、BCA 在盆地问题上的应用

联邦政府开始大量正式应用 BCA 的同时，BCA 来到了奇黑利斯盆地。美国陆军工程兵团开始以 BCA 为正规工具分析可能实行的防洪项目。一系列名为河流与港口法案的法规出台后，第一批大型河流相关项目拉开了帷幕。这些项目均基于加勒廷提出的基础设施决策原理。治理奇黑利斯河的政府项目便是这批项目之一。政府对奇黑利斯河进行了测量，发现河口遍布沙洲，使吃水超过 8 英尺的船只无法通过河口并进入河流。河流与港口法案促进了一系列对河流进行的改造，使上游的运输能够进行。

然而由于优先进行导航项目，工程兵团在当时并未对解决洪水问题付出过多努力。然而 1927 年密西西比洪水的爆发使情况有所改观。这次的洪水水量和破坏力之大促使国会立即采取行动。1927 年国会通过了一项新的河流与港口法案，这项法案命陆军工程兵团以发展水力、灌溉和防洪的基础设施为目的负责对美国河流进行勘察。第 308 条款成本—收益报告便由此发布。1931 年工程兵团发布了针对奇黑利斯河的相关报告，其结论认为"对奇黑利斯河进行进一步改进以便通航……是没有必要的"。早前当地居民已经意识到奇黑利斯河会发洪水，并根据这一情况构建农田。因此当洪水来袭时，除非水位达到最高值，居民的房屋一般情况下都能幸免于难。

在工程兵团报告指出洪水并非重大问题仅仅两年后的 1933 年，奇黑利斯河流域遭受重大洪水。两年后的 1935 年，国会手头已有 1 600 份来自全国各地的第 308 条款报告，并根据正效应的成本收益比率及地区提供的支持，准备通过工程兵团关于基础设施项目的提议。国会进行讨论期间，许多工程兵团未纳入考虑范畴的项目纷纷被加入提案。随之引起的争议使国会全盘放弃了该项提案。

由于 1935 年未能采取任何行动推动基础设施的建造，国会采取措施以防止此后类似的政治手段得逞，并于 1936 年通过了《防洪法案》。该法案规定联邦政府在以下所述改善措施带来的好处大于预估成本，以及如不采取措施人民生命财产安全将受到威胁的情况下，应出于对防洪的考虑对通航水域及其支流进行改善或参与改善行动，其中包括对流域的改善。

1936 年《防洪法案》从法律角度要求防洪项目进行成本收益分析。工程兵团通常只负责大型资本项目，因此其他防洪相关的方案便不属于其管辖范围。这种情况使得全国的防洪战略都围绕大型资本项目施行，而土地使用管理以及径流迟缓等方案普遍被忽视。

在奇黑利斯盆地对 BCA 早期的应用中，我们可以看到官僚主义的要求以及使命如何导致政策实施过程的 BCA 并没有被用来有效达成政策初衷，而是被用来分析某种特定方案。工程兵团勘查河流时的目的是寻求是否存在发展水力的潜能，是否能够承担运输职能以及是否能够担任防洪职能。工程兵团的出发点是建造大型基础设施项目。他们是通过这样一种官僚视角来看待 BCA 及其应用。因此他们对奇黑利斯盆地所进行的分析不着重于如何高效地解决洪水问题，而在于在盆地建立水坝所产生的社会收益是否超过设施的建造和维修费用。这个特点影响甚广。

影响之一：官僚型 BCA 强调某一个特定方案的有效性，而不是如何高效达到政策目标或取得成果。

20 世纪中期 工程兵团于 1944 年出具的一份报告表明 BCA 在奇黑利斯盆地第一次得到正式应用。工程兵团勘察了奇黑利斯盆地上部四个地区，一开始确定以其中两地作为试点。然而报告指出该项目成本"包括预算充分的灌溉开发及减少污染部分费用，是预计年收益的 1.53 倍"。

此处奇黑利斯盆地运用 BCA 的历史再一次向我们表明了官僚型 BCA 的症结之一：在资源有限的条件下，成本和收益通常都以容易获取的数据为基础进行计算。避免计算所有数据是合理的，但是由于数据的缺失可能导致结论的变化，这一点应被纳入分析报告。然而以奇黑利斯为例，我们注意到陆军工程兵团只计算了随手可得的数据，如水稻价格这一类基本数据。

影响之二：官僚型 BCA 所得出的结论仅反映了易于量化的成本和收益，并没有仔细考虑经济状况或是经济方面的重大成本流或收益流。

BCA 在现代的应用 1966 年，森特勒利亚市以及刘易斯县、瑟斯顿县以及格雷斯港县专员向工程兵团呈文请愿，要求工程兵团重审其防洪项目研究。工程兵团在进行了广泛评估后，把重心放在了以下两种政策方案上：对现有斯库卡姆查克大坝进行改造，或是什么都不做。他们考察了新大坝的建址，发现其成本收益比率无一能够超过 0.4。结果自然是一个大坝也没建起来。

1990 年及 1996 年，洪水再度爆发，促使当地民间领袖再次呼吁政府采取行动。1990 年及 1996 年的洪水均属百年一遇，横扫了森特勒利亚市、奇黑利斯盆地以及较低洼的流域。1998 年刘易斯县要求重启工程兵团所做的研究，以便了解是否能够采取额外措施来加强防洪保障。与此同时，华盛顿州生态部门决定将本地各县各市团结起来，形成奇黑利斯盆地联盟，作为一个整体评估并主张施行防洪政策。这种努力将重心大半放在了在奇黑利斯河主干道建造大坝的主张上。

该联盟提倡的一系列项目包括实行建立湿地，恢复河岸植被以及重新引进海狸、保护森林、进行低影响发展以及阻挡农业灌溉等措施。最终，这些相关报告并没有产生多少成果。诸如重新引进海狸或恢复植被等项目方案在接下来几年的讨论中基本销声匿迹。考虑到这些方案的成本与收益、灵活性及稳健性均有据可依，它们不受重视委实非常奇怪。小规模改进措施及各种保留方案之所以搁浅，在当时（到现在也仍然）是由官僚主义视角的本质——在应用 BCA 时以项目为单位来考量问题——决定的。如果按项目来看，恢复湿地的举措哪怕再便宜也是"赔钱"的。然而众多小的政策措施会产生累积或协同的成果，这些成果加总起来很可能与建造大坝的效果差不多，而且造价还要更便宜。

影响之三：官僚型 BCA 以项目为导向而非以整体组合为导向，认为小型项目由于只能"与其他项目协同合作发挥作用"，是不可行的。

最近十年 近十年来关于奇黑利斯盆地防洪问题的辩论大大增加，BCA 在其中仍居关键地位。1998 年刘易斯县呼吁政府采取防洪措施之后，美国众议院运输和基础设施委员会通过了第 2581 号决议，要求工程兵团重新考虑奇黑利斯防洪项目。工程兵团由此在 2004 年发布了重新评估报告。然而还未来得及做什么，上文提到的 2007 年洪水便汹涌席卷了奇黑利斯盆地，至此使防洪政策舞台大为改观。洪水中农民和商家的照片让人瞠目结舌，他们的故事闻者心碎，这些都成为了洪灾的感性图像。与此同时，5 号州际公路的关闭使华盛顿州因运输延迟或改道遭受 4 700 万美元的经济损失，迫使州政府采取行动。5 号州际公路在 1990 年和 1996 年也因同样原因被迫关闭，在当时也使本州经济受到了抑制，促使格雷瓜尔州长呼吁出台针对 5 号州际公路洪灾的解决方案，同时出台措施减轻对刘易斯县房产业主和企业主的损失。

华盛顿州政府认为防洪项目的主要目标就是具有"成本收益"。然而县领导为首的地方官员则迅速倾向于采用一种所谓"全盆地解决方案"——建造一座大坝，以减轻甚至根除全盆地地区的洪灾。"全盆地"的说法意味着这一解决方案在某种程度具有全面型和整体性。但是在针对奇黑利斯洪灾的政策辩论中，"全盆地"这一说法几乎完全指代了想要一"坝"永逸解决洪水问题的相关政策。

在后来 2007 年的讨论中，刘易斯县公用事业区（以下简称 PUD）提出了一种方案，建议奇黑利斯上游建造保水设施。PUD 认为这种设施具有水力发电的潜能，对此表现出了兴趣。不久之后，名为"一个声音"的民权组织和奇黑利斯盆地联盟开始向市政府和镇县政府请愿，要求出台能够"解决全盆地问题"的防洪方案。

奇黑利斯河流盆地洪水管理局的成立便是这些努力的结果。该管理局的成立有两个主要目的：在洪水影响的应课税区实施缓解洪灾的战略以及出台实际的项目提案。防洪区允许本地机构通过选举董事会，使之有权在地区内课税，以此来解决防洪问题。一旦防洪区确立，资金便迅速从州政府拨至地区，以实施管理局委派的相关项目。

2008 年 5 月，包括刘易斯县、格雷斯港县以及瑟斯顿县在内的 11 个地方政府以及 8 个市政府联合签署了跨地区协议，宣告奇黑利斯盆地洪水管理局正式成立。各管辖方授予管理局向州长办公室提出抗洪救灾方案以及接收资金以资助相关研究及已核准项目的权力。

在后来 2007 年关于防洪减灾的辩论中，洪水管理局的做法反映了当地官僚机构运用 BCA 的另一个问题。工程兵团负责的奇黑利斯河相关项目由于其不具有超过其成本的收益几乎全部都被彻底驳回。但是由刘易斯县 PUD 及洪水管理局所主导的 BCA 却得出了截然不同的结论。这是为什么呢？

2008 年全年及 2009 年前期，洪水管理局对防洪区的组建进行讨论，听取项目方案，并针对公众对盆地的期望进行了调研。奇黑利斯 PUD 于 2008 年前期发布了概念文件，阐述应对奇黑利斯洪灾采取新措施的根据。尽管主张继续盆地地区一直以来提倡的征费方案，该文件指出："历史表明在盆地征收的费用不足以抗洪救灾，不是征费失败，就是在重大洪灾时征费过高。"由此 PUD 主张采取"更全面的解决方案在全盆地范围内防洪减灾"。洪水管理局成员则希望该方案能提供多重利益，在防洪之外还能够有助于当地供水、水电发电以及改善鱼类栖息地。

2009 年 2 月，洪水管理局收到了首次委托的 BCA 研究报告，报告撰写者在报告中用"（好得）难以置信"来形容其所计算出的净利益值。该研究（又名为"Ⅰ期研究"）针对两个潜在的保水地点进行考量，其中一个地点位于奇黑利斯河南支，而另一个则位于主干道。以 30 年的净现值来计算，加总的成本收益比率达到了 2.02；若以平均收益来算，该比率则达到 1.64。以地区为单位分析，该比率更高达 3.58。再细心研读报告可知，如不需提高 5 号州际公路的高度，只建造大坝，将节省 3 亿美元的开支，仅仅这一项便基本使该方案反亏为盈。但是在没有大坝的情况

下，是否会采取提高公路高度的措施也还是未知之数。5 号州际
公路相关方案没有给出确切的成本数字，但是如果加上这项开
支，大坝方案肯定无法通过 BCA。尽管包括农业、娱乐业、渔业
等领域相关的收益通常都会被累计，2009 年的报告并没有将大坝
的建设成本以及维修成本以外的潜在支出也包括进来。另外，报
告在预估成本时也没有考虑用卡车在坝上坝下运输三文鱼的成
本，并且在没有充分了解的情况下假定在当地便能获取足够的
材料。

如果对 I 期研究进行中肯的评价，结论多半如下：该研究既
是为了客观评估这一方案的优势所在，也是为了使建造大坝的方
案获得支持。然而对于我们的讨论来说，更为相关的问题则是该
研究报告重点强调了整体测量，尤其是对成本收益比率的测量。
工程兵团长期以来一直使用成本收益比率，并以此为根据决定是
否核准一项方案的实行；如果某个方案的成本收益比率大于 1，
那么它将获得通过。这种方法却有个意想不到的效果：对 BCA
的应用由此引起了争议。方案支持者为了使成本收益比率大于 1
而计算收益，而方案反对者则为了使成本收益比率小于 1 而计算
成本。标准的成本—收益原理认为，为了说明潜在方案或政策将
造成什么样的结果，需要进行模拟概率计算，敏感性分析以及说
明结果范围。而在奇黑利斯盆地一例，官僚型 BCA 经常忽视了
以上分析，而只愿意采用简单的"点估计"的总结性数据，以便
提供快速衡量方案的依据。

影响之四：官僚型 BCA 几乎强调单将成本收益比率（或相
关的整体测量工具）作为某个希望达成的政策或方案的依据，而
不是运用更为具体化的工具以了解各种方案相对应的风险及不确
定性。

当今发展 洪水管理局在收到第一份研究报告的一个月后举
行了投票以批准拨资签订连续合同进行 II 期研究。II 期研究是为
了讨论一项保水方案是否可行。相关报告于 2009 年 11 月发布，
发布后在一段时期内引起了强烈反响，大家纷纷发表意见。尽管
由于提案本身仍属草拟状态，针对 II 期研究进行的辩论较少，但
该研究引起了很大争议，再次证明了 BCA 可能让公共政策的辩

论火上浇油，而不是使其偃旗息鼓。

Ⅱ期报告中仍然着重于保水设施的成本和收益问题，这使得洪水管理局及其他地方机构分化成了两派：亲坝派和反坝派。原本的计划是拨款 48 万美元以供勘察之用，但经过与奇黑利斯保留地上部落联盟的协商，这项支出减少到 25 万美元。作为折中，EES 咨询公司将进行可行性研究，如果在支出达到 25 万美元时还没有发现"致命缺陷"，48 万美元的剩余部分就将全部属于 EES。

EES 进行的ⅡA 期研究包括了对工程学和结构的研究，以及广泛的经济分析。这一部分属于那 25 万美元涵盖的部分。毋庸置疑，ⅡA 期研究并未发现什么"致命缺陷"，这么一来 EES 就继续开始其ⅡB 期的研究。ⅡB 期的研究并没有在设计过程中发挥作用，反而被归类为"概念阶段"，目的是为了研究建造大坝的可能性。

2009 年 4 月 15 日，洪水管理局达成了书面协议，说明了ⅡB 期研究需要"证明"什么才能阻止反对者对该项研究进行扰乱。盆地内部，许多政策制定者早已自行认定哪些项目是可行的。PUD 官员主张对奇黑利斯河水电发电可行性进行客观的评估，但是地方上不少其他机构则认为如果成本—收益法得到正确应用，那么其在保水可行性报告中的运用就是有效的。他们将证明保水设施的建造是唯一的也是最好的解决方案。

尽管很容易下结论说方案支持者仅仅是依合同行事以期得到他们所想要的结果，但是这种现象实际上体现了官僚型 BCA 所引起的地区性问题。BCA 经常被形容为"科学"和"传统"；但实际上它并不仅仅是一道计算题，更是一种艺术。公共以及私人机构在做分析时都必须考虑包括哪种收益和成本，现金流应归于何方，如何计算收益和成本等，在了解事实的情况下做出判断和依照根据做出决策。考虑到确认偏误、框架效应以及其他判断和决策等情况，便可想而知官僚型 BCA 通常与主导或委派研究分析的人群的所思所想有着紧密的联系。

影响之五：官僚型 BCA 通常在由方案支持者主导或委派时认为该方案具有正效应的净收益；而如由方案反对者主导或委派

时则得出负效应的净收益的结论。不管采用哪种结论，均能展示由合法机构开具的可信证据。

三、讨论

成本—收益研究很容易被分为两类：一类赞成项目继续实施，另一类则提出反对。这类研究并不意在提供政策辩论中与潜在成本和收益相关的具体信息，也不被当作是一种艺术形式。分析师和技术专家们长久以来一直忽略这个事实，而关于 BCA 的各种形容则更使其一直被错误分类为纯粹的科学研究方法。人们未能认识到主观判断属于 BCA 的关键组成部分，这一点使得政策引发更多争议。官僚型 BCA 的根本问题在于无论其方法多么严谨，一遇上现实意义上的人和政治场景，便一无是处。

下文中我们将对三种使用 BCA 时应牢记的三条方针做出说明——其实就是把我们提供给洪水管理局的建议稍微作了些变化。这些方针意在帮助从业者和分析师仔细思考他们在实施和介绍 BCA 时采取什么方式，才能使这样的研究对决定政策有着积极的效应。换句话说，这些经验之谈的目的在于使信息转化最大化以及使以 BCA 为中心的争议最小化。

（一）不要局限于整体测量

尽管 BCA 最基本的成果就是针对不同的政策方案计算出净收益的预估值，官僚型 BCA 提供的经验教训告诉我们，分析师们不应过多强调成本收益比率、净收益现值以及其他"点估计"的整体测量工具。在没有前后关系的情况下，净收益估计是没有意义的，而且可能导致信息缺失的决策行为。分析的各个组成部分，从搜集数据到建模过程，都可能传递与政策高度相关的信息。而这些信息应和建模结果一样值得关注。整体测量在实际的政策辩论中，通常会使其他相关信息受到忽视。更有甚者，以奇黑利斯盆地为例，整体测量本身便可能成为政策的竞争点：利益相关者最后比赛证明"正确的"成本收益比率是否高于 1，而不是以 BCA 结果作为依据进行有建设性的讨论。仅仅一个 BCA 的结果数据就能牵着思考和讨论的鼻子走。

（二）提供可追溯且相关信息翔实的产成品

我们刚才分析的奇黑利斯盆地历史档案证明了官僚型 BCA 呈现双峰趋势，因为它出现的形式似乎非此即彼：长篇大论的、很大程度上无法理解的多卷报告或是过于简单的速记参考。这并非巧合。看看工程兵团 2012 年对奇黑利斯河征费所做的收尾报告：pdf 格式的电子文件如此之大，以至于华盛顿州大学的拉客尔肖斯中心虽身为文件储存库，却仍然只好邮寄给我们一个包含该文件的闪存驱动器；打印出来后整个报告长达 960 页！与之相反的是，公众意见记录稿、洪水管理局会议记录以及其他文件多处仅仅引用收尾报告，而收尾报告本身则将结论过于简单化，且没能将信息转化为讨论过程。我们不能因此而责怪洪水管理局的成员。简而言之，通过整个官僚流程而产出的文件是无法使用的。政策制定者、利益相关者以及决策过程中其他的参与者没有时间阅读这样的报告并归纳出报告主旨。然而，一份简短的摘要或是只有一页纸的执行总结（收尾报告甚至连这个也没有）也并不足以体现 960 页报告上所包含的信息。尽管这样的报告也许可以满足法制机构的监管要求，却必然无法单凭报告本身改善决策或为政策辩论带来大量信息。

为了改善这种情形，官僚型 BCA 需要一份简短的文件替代当前文件，文件中应描述分析过程、结果以及结果的含义。尽管现实中的报告，尤其是有技术性附录的报告，将会比这个篇幅长得多，但是仍应撰写项目总结，言简意赅地叙述分析过程、结果以及含义的具体细节：

1. 分步骤讨论如何引导分析过程；

2. 类似蒙特卡洛模拟的量化数据可用视觉或图形来表达；

3. 清楚声明建模条件，如假定项目的对比方案实际不可行以及其他分析师自定条件；

4. 明确描述模型中收益和成本流；

5. 对模型中未包括的因素进行定性分析；

6. 利用图表展示相关数据，例如净收益分解；

7. 对政策各种方案进行讨论。

另外相关的一点，是应提供数据和模型信息，以便对分析进行复制、修改和细化。无论是否包括在技术附录中或通过电子形式提供，应努力建立一个"有生气、会呼吸的"模型，以便政策制定者能够探求各种不同方案及其变化，使得 BCA 不再是能被弃之不顾的报告，而成为在整个讨论过程中均能利用的决策工具。我们在奇黑利斯案例中观察到，尽管利益相关者一直为分析结果争论不休，但报告本身基本上是固定不变的；无人尝试——也无法尝试——利用报告所提供的信息来评测新的想法或检验参与者所提问题的意义。建立能够为政策制定者所用的互动模型不失为有助于表明分析决策意义以及沟通政策风险的一种手段。

（三）不要提供虚假的确定性

除了我们上文中讨论过的整体测量本质的政治化，它们还标志着官僚型 BCA 所引发的另一个问题：使他人认为政策必然施行。EES 所出具的 ⅡB 期报告仅仅列出了建造费用低、中、高三种估计结果，对应了净收益低、中、高三种估计。而工程兵团对奇黑利斯河征费进行的收尾报告草稿中只给出了一种成本和收益的估计。在 BCA 中对点估计的运用传达了某种程度的理解和确定性，然而这种理解和确定性与我们真正的预测能力并不相符。如前文所提，由于有人不同意分析中所用的假设条件或数字，这种虚假的确定性引发了不少争论，使得人们过度关注在点估计上。更加重要的是，许多学术著作都作有论述，认为诸如奇黑利斯盆地一类的复杂的社会生态系统，本身特性便是固有的且无法减轻的不确定性。换句话说，即使数据完美完善，仍然无法准确或精确估计系统结果。

在我们所审视的奇黑利斯相关分析中，处理（或者更确切地说，不处理）不确定性因为洪灾本身的多变性而额外困难。不仅每年洪灾爆发多变（有近几十年来严重洪灾多发为据），更因为洪灾本身的性质也极为多变。比如说，洪灾带来的损害程度不仅取决于降水量，还取决于降水地点以及其他情况（例如现有水平面高度）。

　　不确定性我们所查看的分析报告运用了预期价值框架来衡量不确定结果的价值。预期价值法的问题在于我们确凿无疑地知道以下这种情况是不会发生的：防洪减灾的收益并不会形成每年平均分布的收益流。实际上大多数年份防洪措施根本不会产生任何金钱上的收益，而等到洪水袭来的年份（多半不多）又会产生极大的经济收益。更有甚者，预期价值框架通过为可能的结果建模（比如说十年不遇的洪水，在50年方案中仅会发生5次），设想在方案生命期内年数都是彼此相关的。实际情况中，这种规模的洪水在50年间无论发多少次都有可能，也可能一次不发。预期价值法对提供虚假的不确定性方面似乎发挥了不小作用，它仅提供一个数字，便以之代表几种可能的结果。由于政策制定者通常无法花太多时间或注意力在应用潜在结果来解析预期价值上，对预期价值法的应用使得这种不确定性往往被人们遗漏。

　　对于不确定性，更好的处理方法在于进行敏感性分析。敏感性分析仅仅使用已知的参数或估计值，并在BCA模型中进行变化，并评估随着该价值的变化整体成本收益估计是怎样变化的。这很容易做到，而且为分析提供了大量信息。最主要的是，敏感度分析允许利益相关者改变某些模型假设或参数，以便观察预测的结果如何随着这种变化而变化。

四、结论

　　实施以上推荐方针需要付出极大的努力。况且与官僚型BCA的天然特性作战也绝不容易。然而，我们仍然认为如果要运用BCA使政策的制定更加高效，那么这些步骤必不可少。尽管遭受无数批评，BCA的原理和方法论均有理可依而且"健康"。然而从奇黑利斯盆地的案例可见，在地方和地区的政策制定过程中采用这种方法的历史经验和BCA本身的严谨标准相去甚远。从业者和相关技师需在考虑BCA的理论和方法论因素时，同时考虑其实施因素。若非如此，则即使了解的信息再多，以再严谨的方式施行BCA，也等于冒险将一切努力付诸东流。

美国行政管理与预算局报告的
规制收益：海市蜃楼？

——行政机构的成本—收益分析中所应用的假设需经谨慎考察

苏珊·E. 达德利 *

　　自 1997 年始，美国行政管理与预算局每年向国会报告联邦规制的成本与收益。这些报告的通常结论是规制的收益在数量级上已大于其成本，这一结论也被用以消除"规制阻碍经济发展"的疑虑，认为设计适当的规制将产生巨大的经济净收益。

　　例如，面对共和党的批评，民主党国家委员会 2012 年的竞选纲领为奥巴马总统过去的规制记录进行了辩护，重申其在任期的前三年中所颁布的规制已产生了 25 倍于前任的净收益。而预算局在其 2013 年报告草案中估计，过去十年中所进行的规制累计产生了 1 930 亿—8 000 亿美元的收益，而成本仅在 570 亿—840 亿美元。

　　这些估计数字究竟有多准确？一项更为深入的测算显示，收益估计严重依赖其测算假设，而数字的浮动范围也不能真实反

　　* 苏珊·E. 达德利（Susan D. Dudley），乔治华盛顿大学规制研究中心主任，崔切伯格公共政策与公共管理学院（Trachtenberg School of Public Policy and Public Administration）科研教授，乔治·W. 布什政府时期信息与规制事务办公室（Office of Information and Regulatony Affairs）负责人。

映其不确定性。

无论单项额与累计额，规制的成本与收益的难以测算是众所周知的。类似于财政预算的机制并不存在，既不能够记录个人和企业遵从规制而支付的成本，也不能够计算规制所带来的收益。预算局在其年度报告中所提供的，很可能只是在联邦规制的预计收益和净收益（收益—成本）基础上，可能获得的尽可能完善的预估数字，然而正如该机构所承认的，分析报告存在缺陷。

联邦机构每年颁布 3 000—4 000 项规制。在过去超过十年的成本—收益双重估测的经验中，预算局的执行机构为使其工作保持在可操作范围内，采用"具有显著经济意义"这一原则（预计年内产生大于 1 亿美元经济影响）来对其累计预估值的测算进行限制。

因此，这些估计数字不包括由证券交易管理委员会、联邦通讯委员会和新的消费者金融保护局等独立的规制机构所颁布条款产生的效用，也不包括预算局既没估测收益也不计算成本、但已产生极大影响的规制。例如，在最近的报告中，预算局针对联邦机构成本与收益测算仅基于其对 115 项规制的分析——不到该时段总计 536 项具有显著经济意义的规制的四分之一，仅占自 2003 年以来颁布的 3 203 项重要规制、总计 38 000 项规制的一小部分。

报告成本与收益基于各机构在规制正式施行前进行的"事前"预估。预算局承认"事前预估可能包含错误的假设，从而产生不准确的预估值"，并提醒注意"依托于机构的估计值不代表预算局接受各机构在预估成本与收益时采用的计算方法"。然而这些声明在公开发表时往往被置之不顾，累计数字被没有任何限制条件地广泛报道，以作为联邦规制活动的净收益证据（最近，这也被用于证明奥巴马政府具备判别有益的市场干预机会的能力）。

一、收益是如何累计的

对预算局分析中的报告收益的组成进行分解研究能够揭示个中乾坤。图 1 显示了预算局对 2011 年 1 月 21 日至 2012 年 9 月 30

日规制收益的上限估计。其中数据反映的是"选举年"的统计情况，也即当年1月21日至次年1月20日所颁布规制的收益情况。每年的累计收益数字根据其在如下三类规制中的分配比例而有所不同：

1. 固体颗粒物（PM2.5）的减少；
2. 个体消费者开销的节省；
3. 所有其他活动。

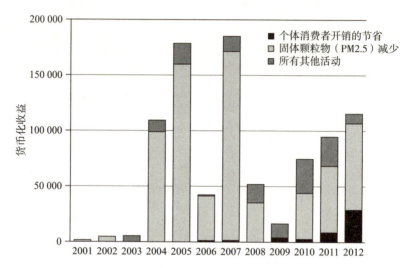

图1　PM2.5减少的效果及个体消费者收益占美国行政
管理与预算局报告的规制收益上限的比例

由于前两类规制收益构成了自2001年以来的总报告收益的约80%（同时也超过2012年报告收益的90%），我们对这两类收益进行如下分析。

（一）固体颗粒物

预算局的报告收益的主要组成部分是减少PM2.5的相关规制，而这源于环境保护局预言该类规制将减少过早死亡。环保局在计算收益的具体金额时，通过将预计减少的过早死亡数量乘以救治一个统计意义上的生命所需成本而得到结果数字。在年度报告中阐述这些数字的相关信息时，预算局承认，"因固体颗粒物减少而减少的过早死亡数量"和"消除死亡威胁所需具体金额"

均有"明显的不确定性"。

　　预算局将针对 PM2.5 相关收益预估具有不确定性的原因归于六项关键假设。第一项假设是"在大部分美国人日常接触水平的基线浓度附近，固体颗粒物的吸入同过早死亡存在因果关系"。环保局基于颗粒物浓度同死亡率的医药学关联证据而得出该假设，然而正如众人所知，相关性不等于因果关系，而该机构也没能发现能够解释所观察到的关联性的生物学机制。风险专家刘易斯·安东尼·考克斯（Louis Anthony Cox）对环保局生成的因果关系提出了质疑。他的统计学分析（发表于《风险分析》期刊）认为有超过 96% 的可能性是，这种因果关系并不存在。甚至相反的，环保局的结论是其模型选择和不完整数据共同作用下的产物，而并非基于真实可测算的关联性。

　　另一项对环保局（也是对预算局）的收益估计具有决定作用的关键假设是"固体颗粒物的影响力方程在一系列允值范围内接近线性，包括在全国环境空气质量标准规定以下的浓度水平。"理论和数据均认为，当 PM2.5 接触水平的下降不能带来死亡率改变时，方程出现收益最小阈值，而随着接触水平的不断下降，规制的效用也逐步递减。然而，环保局假设，线性浓度相应影响方程可适用于超出环境背景要求的固体颗粒物浓度。预算局则观察到："必须承认，最近一些管理条例的收益中，相当一部分来自于符合固体颗粒物标准的地区的潜在健康收益。"环保局认为，基于其"固体颗粒物接触水平和过早死亡之间存在线性但无阈值"的因果关系这一假设，当 PM2.5 浓度因为规制而下降时，大量"统计生命"可以免于死亡。然而若上述假设中有任何一项被证伪（也即，如果固体颗粒物浓度和过早死亡之间的关联性不存在，或该关联性不是因果关系的，或浓度相应方程在低浓度条件下不是线性的），那么 PM2.5 的减少所带来的收益应低于估计值，甚至为零。

　　进一步说，正如预算局注明的："减少死亡风险的价值大部分依托于对劳动力市场中风险承担意愿的研究（劳动力市场中的相关人群是健康的，并有较长的剩余寿命），也并不一定适用于在不同生命阶段和健康状况下的人群。"这一提示在 PM2.5 的案例中尤为重要，因为在环保局 2011 年的分析报告中，受益于该类规制的人群的年龄中位数接近于 80 岁，而可以受到降低的 PM2.5 水平影响的剩余寿命平均低于 6 个月。

　　PM2.5 收益在那些不以减少 PM2.5 为设计目标的规制中也具有重要意义。环保局将这些收益称为"伴随收益"，因为这些收益并不是直接由某规制目标的污染物减少而产生的，而是源于 PM2.5 的偶然减少。图 2 显示的是在 2008 年、2010 年和 2012 年，从 PM2.5 的减少中获得的伴随收益占全部上限收益的显著比重。2008 年，其他类别污染物、臭氧的国家标准相关规制收益的 70％来自于 PM2.5 的减少。2010 年，有四项规制声称其规制收益 100％来自于附带的 PM2.5 减少。其中三项规制是以减少有毒空气污染物为目标的，另一项则对二氧化硫（另一种污染物）设立了国家标准。2012 年，环保局汞及有毒空气污染物相关规制的报告收益有 99％，如前所述，来自于伴随收益。

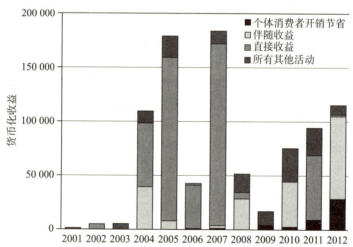

**图 2　PM2.5 减少的效果收益，伴随收益及个体消费者收益占
美国行政管理与预算局报告的规制收益上限的比例**

　　在这三个年份中，伴随收益构成了总规制收益的 50％以上，并有迹象显示，其主导力还会持续增强。自 2009 年起，环保局开始对处于"可保护公众健康"的国家标准水平以下的污染物浓度进行健康收益估算。

　　该机构 2012 年的规制将汞排放限定在电子设备范围内，这正表明了其受到上述假设的影响。根据其《规制影响力评估》，规制文件、情况说明资料和强制应用的新技术将会减少火电场 90％的汞排放，每年可以避免超过 11 000 例过早死亡，并每年产生多至 900 亿美元的经济收益。而环保局估计，施行规制带来的成本虽多达 100 亿美元/年，却仅占其巨大收益的十分之一。

　　环保局的情况说明资料认为，减少重金属（包括汞和有毒空气污染物）的排放的规制能够带来收益，"（这些污染物）被认为或怀疑能够诱发癌症和产生其他严重的健康影响"。说明资料主要集中于研究发电厂的汞排放，指出：

> 当空气中的汞接触到水时，微生物可以使其转化为甲基汞，这是一种高度有毒物质，可在鱼类身体中积累。人类接触到汞的主要形式既为食用受到污染的鱼类。甲基汞的摄入对孕期妇女、尚未出生的婴儿和低龄儿童来说尤为值得关注，因为有研究显示，高水平的甲基汞能够对成长中的神经系统产生破坏，这将影响儿童的思考和学习能力。

　　除了在其公报中强调汞排放的健康影响之外，环保局自身的分析研究发现，由于该规定所减少的汞排放仅能提供很少的健康收益。该机构估计，相关规制最终可以将接触有毒物的儿童的 IQ 值平均提高 0.002 09，而国家范围的总 IQ 值为 511。由于美国的青少年儿童可以通过其他途径（如自然污染源，来自其他国家的人为污染源和美国的非功能性污染源等）接触汞，环保局估计其在该规制全面生效时候仍将经历全国持续性的 IQ 值下降，总计 23 909 点。这项规制将能够降低因汞接触而产生的 IQ 降低减少 3％。环保局认为，这一成绩每年可以获得 50 万至 620 万美元的价值，但该机构没有尝试证实或衡量该规制在其他空气污染物排放上能够产生的健康收益。

　　假若上述既为汞和有毒空气污染物规制仅有的收益，并将环保局对成本和收益的估计值视为实际值，则每年 96 亿美元的成本将会是其收益的 1 500 至 19 000 倍。然而控制汞及空气有毒污染物的收益仅占该规制总报告收益的不到十万分之一。其声称的

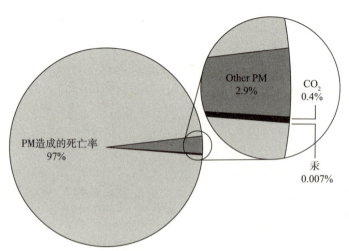

图 3　汞及有毒空气污染物排放标准（MATS）
收益（上限）的组成

每年 330 亿至 900 亿美元的经济收益和避免的 11 000 例过早死亡
是通过计算伴随收益而得到的，是环保局测算模型中预计该控制
规定产生的 PM2.5 和二氧化碳排放所带来的，而不是直接源于
有毒污染物排放的减少。图 3 显示的是汞及空气有毒污染物规制
中通过减少汞和有毒污染物排放带来的收益同伴随收益之间的对
比。该规制中约 99％的收益来自于对 PM2.5 排放的减少赋以高经
济价值而带来的，但 PM2.5 排放的减少并不是该规制的主要关注
点，也受到其他规制的影响。而二氧化碳排放（这将影响大气中温
室气体的水平）的减少带来的收益则占到总收益的 0.5％至 1％。

（二）消费者开支节省

同经济学理论相符，针对规制的指导性总统执行命令明确指
出："政府机构应该只颁布因强烈的公共需求而成为必需的规制，
如自由市场在保护或提高公共健康和安全水平上失效的问题、环
境问题和美国公民的福利问题等。"

这一思想范式承认，自由市场在整体上能够有效地向公众提
供健康和社会福利，而规范性介入仅在自由市场明确失效的情况
下是合理的。然而，最近的《规制影响力评估报告》并没有从修
正市场失效角度提取显著收益（来进行评估），而是采用企业和

消费者声称的，其因选择受到约束而节省下来的开支来进行评估。具体而言，燃料和能源效率标准之所以获得了认可，不是因为其产生的社会效益，而是因为该标准通过减少在燃料和电力上的开销而提供了个人收益。

能源部早前已开始估算家电能效标准带来的个人开支节省，但图 1 和图 2 显示，直到近年来，个体收益对年度总数字来说，都影响微弱。2006 年和 2007 年，能源部报告了每年约 10 亿美元的个体收益。然而，在 2009 年 1 月 20 日到 2012 年 9 月 30 日，能源部、环保局和交通部声称，个体开支的节省产生了大于 450 亿美元的上限收益（约为该时期总收益的 15%）。

这种分析方法被应用于 2010 年环保局和交通部为减少机动车温室气体排放而进行的共同规制制定中。据两个机构估计，其针对 2012 年至 2016 年的机动车模型而设定公司平均燃油经济性标准的规制，能够使新产车成本增加 3.045 9 亿美元（按现价折价 3% 计算）。他们估计，减少温室气体排放的社会收益当前价值为 1.076 7 亿美元。如只考虑成本和收益，规制（本应）会增加社会成本，但依两个机构计算，机动车使用寿命期间所节省的燃油价值为 15 亿美元（同样现价折价 3% 计算）。

这令人印象深刻的个体收益数字表明，机动车消费者和制造商没有实现资本价值最大化。两个机构没有意识到自由市场的失效，会妨碍消费者从这些因政府规制而节省下来的金钱中获益。相反的，其计算结果严重依赖于关于未来能源价格的假设和选择的折价率——这一折价率明显低于消费者作出个人选择时参考的数值。两部门的《规制影响力分析报告》也没有提及其他消费者可能会重视的机动车价值。仅考虑平均价格和使用方式，采用低折价比率进行计算，规制制定者毫无自觉地得出自相矛盾的结论，认定他们可以通过减少消费者的选择而使其获益。（更多关于消费者开支节省的内容刊载于"工作论文"2013 春季刊）

这是一个典型的"规划者悖论"，根据布赖恩·曼尼克斯（Brian Mannix）的研究，计划中的解决方案在纸面上永远比非计划方案要好，因为规划者永远只能看到："数据、假设、偏见和对于社会运作方式的不同理解……而尚未发现的困难——即数据、假设、偏见和对于社会运作方式的不同理解出现错误的时候——对于分析师来说是不可见的，因为他考虑的只是他自己的数据。"（《规划者悖论》2003 夏季刊）

几乎可以确定，规制政策用政府管理人员的判断替代了个体的决定，很容易在哈耶克所说的"致命的自负"上失足落马。当行政机构没有考虑到自由市场失效而得出大量净收益，不得不依赖于其关于消费者无法作出有益于自身的消费者非理性假设时，公众对其计算结果应持怀疑态度。

二、需要更为平衡的陈述

预算局每年向国会提呈的报告包含的规制收益与成本的信息，是被人最广泛引用的。该机构评估其公布的数字，列出一系列声明警告，并强调这份报告只是综合概括了其他行政机构对即将施行的规制进行的事前估计。然而，许多人——包括预算局的代表们——引用报告中的结果，以作出关于近期规制收益的笼统声明，并将一届政府同另一届进行比较。

当前预算局对联邦规制的收益估计研究依赖于各机构从减少固体颗粒物的规制、偶然实现固体颗粒物减少的规制，和在没有考虑到市场失效情况下获得开支节省的规制中获得的收益。加在一起，这几项收益几乎组成了 2011 年报告全部收益的 80％。然而，正如前面所讨论的，公众应当对收益背后的假设保持怀疑。

行政机构有强烈的意愿通过分析来显示其设计的规制能够带来超过成本的收益。原则上，一项成本—收益分析应当是"完整"的。它应当包含一项政策决定的所有重要结果：直接的或间接的、计划的或非计划的、有益的或有害的。实践中，这类分析却都或多或少地欠缺了完整性。本篇中提到的分析方法的问题在于，行政机构没有以客观的态度来进行操作。在收益方面，各机构采用或列明颁布一项新规制所有可以想到的益处，而在成本方面则只考虑了遵从该规制可能带来的最直接的和计划中的成本。因此，在制定严格的公用排放标准时，环保局忽略了电力可靠性的降低所带来的风险，美国经济在国际贸易中的竞争力，或高电价会给家庭预算带来的影响。在建立新的燃料经济性标准时，环保局、能源部和交通部用不真实的假设来估算消费者在能源和燃料上的开支节省，不考虑所有可能会对个体购买何种机动车或家用电器的决定产生影响的复杂因素。

预算局应作为一个能够对各行政机构为其建议行为描绘美好蓝图的本质动机进行检审的机构。虽然它不能够保证各机构在其报告中均考虑了所有可能的行为后果，它仍应尝试保证这些报告划定的边界具有一定的客观科学性。当一小部分有合理性问题的收益将总收益推增五倍以上时，预算局则没有成功履行其动机检审的职责。

能源与环境

论得克萨斯州电力市场改革[*]

如果你已经付过了电费，为什么还要为发电厂买单

安德鲁·N. 柯莱特　罗伯特·J. 迈克尔斯[**]

　　在美国乃至全球，电力重组使得市场从规约垄断转变为市场体制。然而这些市场各自的特点却是市场表现的重要决定因素，且一直以来都是政策方面辩论的主题。其中一大议题便是电力市场能否在无政府干预的情况下做到电力供应充足、可靠地满足社会需要。

　　政府干预的支持者认为，能源竞争性市场应向企业支付额外费用，因其在正常电价所激励而产生的容量基础上还储备有额外发电容量。反对者则认为这样的"容量支付"是对电力生产商的补贴，毫无存在必要。美国大多数区域输电运营商（以下简称regional transmission operators，RTO），包括宾州—新泽西—马里兰电力联营体（Pennsylvania-New Jersey-Maryland Interconnection，PJM Interconnection）及纽约电力调度中心（New York independent system operator，NYISO）操纵着容量市场。在加利

　　* 迈克尔斯在此由衷感谢得克萨斯公共政策基金会提供的资金支持。本文所述观点仅为作者所持有，不一定为其相关方所赞同。

　　** 安德鲁·N. 柯莱特（Andrew N. Kleit），宾夕法尼亚州立大学能源及环境经济学教授。罗伯特·J. 迈克尔斯（Robert J. Michaels），加利福尼亚州州立大学富勒顿分校经济学教授。

福尼亚州，本州监管机构要求公用事业做到"资源充足"，但并不直接操纵市场。随着容量费用的上涨，其政治色彩也愈发浓厚。

本文针对得克萨斯州电力可靠性委员会（Electricity Reliability Council of Texas，ERCOT）最近提出的容量市场理论做出评论。有人认为 ERCOT 对发电的低投资水平导致了备用容量下降，甚至到了影响发电可靠性的地步。有人则认为 ERCOT 的"单一能源"体制本身就能保证刺激产生充足的投资。

一、为何讨论容量市场

容量市场只针对电力而存在，不适用于其他任何商品。乳制品工业无需零售商在牛奶价格的基础上额外支付"奶牛容量"费用也能欣欣向荣。要想讨论电力容量市场，就必须解释清楚为什么容量市场对于别的商品来说毫无必要或毫无效用，而对于电力来说却是不可或缺的。

其中一个可能的解释与电力的两个特性及一项经济制度有关。首先，电力无法以合理的费用进行储存（除非将其存储在水电设施中）。第二，电网运营公司必须靠变更发电量或减少客户数量来匹配瞬时产量和需求。哪怕瞬间的产量过剩都将导致电线超载，而产量不足则导致电网不稳，两种情况都有可能使得整个地区电网陷入停电。

第三，几十年来政府的重拳整治导致电力市场一直效率低下，革新迟缓。尤其体现在大多用户支付固定价格以使平均成本得以收回，而不是支付有效的、能否反映生产边际成本的分时电价。如果电力供应不足导致部分地区停电，而部分地区并未受到影响，那么经济上的分配不当便会随之而来，因为愿意支付大额费用以换取可靠服务的客户无法得到这样的服务，而没受到停电影响的客户则可能仅仅要求小额赔偿便能容忍局部停电。

传统的公用事业监管使得公用事业垄断企业负责保持日常电网稳定以及稳健投资于发电项目。这些必要的投资包括边际成本很高的发电机，以便运行时能可靠维持仅数小时的高峰时段用电。公用事业垄断企业可能将此类费用包括在其受监管的"收入要求"之内而不进一步将其细化，深知监管部门将批准更高的电价，而该价格将足以使企业收回成本。然而在无监管的体制下，通常认为在高峰负荷发电机身上进行投资的投资者要想收回成本，除非机器运行期间的电价非常高才有可能。

使这些潜在问题雪上加霜的是，多数电力市场在整体电价上设置了具监管性质的最高上限。电网高峰期间，RTO 市场最有效的容量如不用于生产能源，就得投入"辅助服务"以作储备用途。竞争由此得到遏制后，便有可能通过高于发电机边际成本的出价获取利润，尤其在用户无法降低用量以做出回应的情况下。这样一来，RTO 便面临着一个两难处境：RTO 希望取消垄断利润，并确保收益足够高，以刺激投资；但同时 RTO 又无法可靠地预测高峰期的具体小时数。

设置整体电价上限一直被认为是竞争性和垄断性这两种激励机制间的折中方案。比如说，PJM 设置的上限为每兆瓦时（per megawatt-hour，MWh）1 000 美元，而 ERCOT 设置的上限目前则是 4 500 美元——如果正在研究中的监管条例得到通过，该上限还将进一步提高。这种折中方案的问题在于，在电量不足的时候设置上限可能减少发电机所带来的收入，并减少其预期的投资收益。该缺陷（用行话来说，叫做"迷失货币"）构成了容量市场存在的另一个论据，因为支付容量费用可以弥补收入的减少。但是像 ERCOT 那样高的上限却会减少迷失货币的可能阻碍因素。

一系列的发电机费用可能导致迷失货币理论另一变量的产生。在某个理论模型中，竞争性的能源市场中大部分电力都由基荷发电机供应，其产生的能量成本低于高峰负荷发电机，而资金成本高于高峰负荷发电机。而高峰负荷发电机则供应该能源市场中的剩余电力。如果竞争使能源价格达到边际成本，那么对高峰负荷发电机的投资便无以为继（甚至可能为零），因为这些发电机所带来的收入并不足以弥补资本投入。但是，这个观点的相关性却取决于理论与现实是否一致。大多 RTO 可用的系列发电机似乎多样化程度足够高，使得这种迷失货币既不至于构成严重的运营难题，也无法阻挡投资者的脚步。

市场产生价格，价格的变动传达了消费者估值及生产商机会成本变化的相关信息。由于价格能够影响替代选择所产生的收益，它使得资源拥有者趋向更有利可图的活动，消费者趋向节约使用相对价格上升的商品。然而，容量价格并非由市场而来。他们来自人为创造的"需求曲线"。这些人为的曲线与教科书所说的代表消费者对商品自愿进行估值的需求曲线是不一样的。电力规划师决定容量曲线如何绘制，希望他们所建立的价格能够促使发电投资量达到其认为足够的水平。这种需求曲线的位置以及斜率均由 RTO 委员会所设置，而这些委员会既不需要证明自己决定的合理性，也不需要将这些曲线与基本市场力量联系在一起。这一曲线的人为性意味着容量市场的价格基本上不可能作为经济稀缺性的指标。

一般意见似乎认为，如果得克萨斯州的发电投资收益确实不足，那么问题便出在一小部分高峰负荷发电机上，每年不过波及 100 到 200 小时的发电。如果这些发电机就是问题所在，那么所有的容量相关政策应该把重点放在它们身上，而不是放在大部分即使采用竞争价格也有利可图的发电机身上。然而由于容量市场支付所有发电机（以及能够及时减少用电量的用户）而非小部分高峰负荷发电机所产生的成本，该市场比以上所述要复杂得多了。ERCOT 认为高峰负荷发电机如果不依靠容量市场，其本身无法产生利润。我们有充分的理由对这种常见的断言表示质疑，并将在下文中进行阐述。

二、ERCOT 的市场及理论假说

容量市场理论的支持者相信没有容量市场的 RTO 市场表现逊于有容量市场的 RTO。对这一假说最显而易见的测试便是将两种 RTO 长期的零售账单进行对比，但是由于缺乏长期数据，这种对比测试无法进行。但是，我们仍然可以测试这两种相关假说。首先，如果迷失货币具有相关性，那么 ERCOT 则应看到发电投资的大起大落。储备过剩与随后的供给短缺之间应存在相对较长的间隔以反映投资者惰性以及工期延迟。第二，在容量过剩

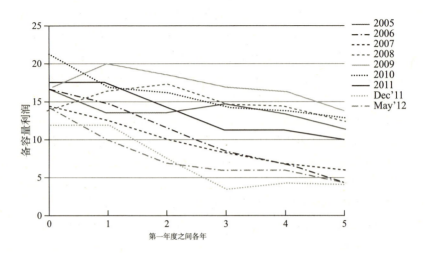

资料来源：Capacity，Demand，and Reserves Report。

图1　预测备用容量

的年度，ERCOT 的能源价格应存在稍大于收回发电机边际可变
成本的空间。供给短缺的年度无法预测，而发电机的年度收益则
取决于随机的天气和运行状况。由于收入的稳定性是资本成本的
一个重要决定因素，ERCOT 年度收益的极端随机性证明了容量
市场将会极大地提高其市场表现。然而对这些收益的准确估计则
需要对发电机所有可用收入来源进行计量。遗憾的是，如我们下
文所述，监管部门要求排除 ERCOT 的收入估算中的一些收入来
源，这样一来便低估了实际营利率。

（一）投资悖论

　　部分监理部门、政治家和利益相关且支持容量市场的发电机
所有者认为，ERCOT 近年的历史趋向于证明他们的观点。比如
说，ERCOT 2011 年 12 月出具的容量、需求及储备报告（Capac-
ity，Demand and Reserves Report，CDR）预测 2012 年及 2013
年夏季储备电力为 12.1％，与 ERCOT 长期以来采用的标准
13.75％相近。直至 2012 年 5 月，由于引入安装一台燃煤发电机
的延迟，以及产能 2 000 兆瓦的燃煤电厂因联邦空气污染条例将

要出台将而关闭，导致 2013 年的估计数字下调至 10％以下。由图 1 可见近期储备"危机"多半未能实质化。每条曲线体现了年度 CDR 报告基于在报告日已知在建或已获许可的发电机对本年夏季以及接下来 5 年的储备电力进行的预测。曲线几乎都向下倾斜，表明随时间推移，储备问题也会恶化，这一点大概也是意料中事。现实中，2012 的情况并非特例。ERCOT 创建以来的四份 CDR 报告（2006 年，2007 年，2011 年 12 月以及 2012 年 5 月）预测 5 年的储备电力为 4％至 6％。2011 年及 2012 年，正好是在 2006 年及 2007 年报告的 5 年以后，ERCOT 的实际储备足以满足其充分性要求。

这些半官方的预测并未将众多已知的潜在及现有资源包括在内，譬如备用的化石燃料资源、50％可用外部直流输电资源，以及研究中的计划用互连发电机。到 2012 年 5 月为止，2016 年的预测资源总量达到 7 409 兆瓦。即使从现在到 2016 年为止不再建任何新发电机，并考虑到用电量和需求管理分散的可能假设条件，相对较少的 5 369 兆瓦额外发电量也能使 ERCOT 在当年达到 13.75％的储备量。

几件不同寻常的大事加总起来，使得 ERCOT 2012 年容量状况趋向极端。然而，有前例可循，2012 年夏末状况得到缓解，问题有望得到解决。由于新出台的联邦空气污染条例受到法院暂缓令的约束，燃煤发电机又重新投入运行，2 000 兆瓦的备用燃气发电机也重获重用。

得克萨斯公用事业委员会（Public Utilities Commissions of Texas，PUCT）委员之一最近发出一份报告，报告中指出在 2012 年，公布的新发电量为 4 318 兆瓦，相关发电设备均已获取资金或处于在建状态。假设预测的情境中需求比 ERCOT 预测的要低，这些新设备本身便将在 2013 年生产 19.6％，在 2014 年生产 16.7％以及在 2018 年生产 13.2％储备电力。这一数据还没有计算期间可能实质化的额外容量。

鉴于这些数据，很难从表面上判断容量市场支持者所主张的"市场失灵"问题的严重性。首先，关于未来储备的假设有意趋向保守，而且从来对较不确定但可能出现的电力资源估算不足。

第二，没有证据表明投资者行为会使发电市场不稳定，也没有证据显示有利可图的发电厂在没有容量要求的情况下会不知为何建不起来。第三，容量市场绝无可能排除导致 2012 年年初供给短缺的事件发生的可能性，因为这类事件因联邦监管制度而起，其随机性无可避免。第四，政策制定者必须考虑到在高用电量时保证电网可靠性取决于充足的高峰期资源，而非基础负荷资源。最后，如上文所述，即使有正当理由给予高峰负荷发电机补贴，这类补贴并不一定适用于基荷发电机。

（二）辅助服务方案

资源和需求的较长期发展似乎表明发电投资者正获取可观的收益。实际上恰恰相反，ERCOT 市场监控的计算显示收益极端微薄。对于"净利率"（Peaker Net Margin，PNM）的估计是基于监管性公式而做的，而这些公式没有考虑到一些重要的收入来源。正式的说法是，PNM 等于一台高峰发电机一年内在现货市场通过销售能源以获取的收入减去其相应运营成本的结果。（我们注意到实际上大多数销售交易都签订长期合同，合同条款可能将根据现货市场价格进行调整）。根据 ERCOT 的说法，在 2002年至 2007 年，一台气电转换率（热耗率）为 10.5 的新燃气涡轮机通过获取每兆瓦年 65 000 美元至 80 000 美元收入能够完全收回其固定成本。2008 年和 2009 年，估计的可行性下限为每兆瓦年 70 000 美元至 90 000 美元，而 2010 年和 2011 年的相关数据则为 80 000 美元至 105 000 美元。一台燃油效率较高（热耗率为 7）的联合循环燃气发电机需要从 2003 年至 2006 年获得每兆瓦年100 000 美元的收入，2007 年至 2011 年获得每兆瓦年 105 000 美元的收入。高峰负荷发电厂在能源销售中获取的净收益很少达到或超过以上所述金额。

PNM 的计算表明，ERCOT 不会产生很多新容量，但是矛盾的是其容量却又能赶上用电量。我们可以通过引入之前被 PUCT 的计算排除、但实际上与获利率相关的收入来源，来解决这个悖论。最为重要的是，发电机可以选择在能源（"均衡"）市场或辅助服务市场进行销售。有以下三种辅助服务市场：

• 监管型储备：生产的容量随用电量变化进行瞬时变化，以保持电网频率在 60 赫兹；

• 响应型储备：为可用的运营发电机，在发电或变流失灵时在十分钟内提高产量；

• 非转型储备：为目前不在运行的发电机，可使其在 30 分钟内达到特定产量；或指可被作为储备的大额用电量，提前 30 分钟通知便可中断。

发电机的辅助服务要价如被接受，便等于允许 ERCOT 根据需要应用其容量。如果需要运行，发电机便根据其产量接受均衡市场价格，该价格可能超出也可能低于边际成本。这样一来辅助服务所带来的收入便分为两部分：第一，日前市场设置时价，成功竞标的出价者便收取时价作为发电机供人调度的代价。第二，如果 ERCOT 强制发电机生产能量，发电机主便收取实时均衡市场价格。如果该价格低于运营成本，机主必须承担损失。

为了简化这个估计，我们假设机主可以在某个程度上准确预测本日和明日的均衡能源价格以及其运营的可能性。发电机必须对比以下三个情境：

• 如果均衡（能源）市场价格减去边际成本的结果为正数，且投身于辅助服务导致该结果超出了预期净收入（通过呼叫概率进行加权平均），那么它就能供应能源。

• 如果辅助服务的预期净收入为正数，且超过其在均衡市场销售所获取的净收入，则发电机将提供辅助服务。为了进行保守计算，我们在此仅仅谈论非转型储备，而这种储备服务一般比其余服务价格要低。

• 如果均衡市场带来的净收入减去辅助服务的净收入的结果为负数，则发电机一直保持闲置状态。

对 2008 年至 2010 年，我们运用市场监控每小时数据进行了 5 种 PNM 计算，在计算过程中还包括了提供非转型储备服务所获取的收入。其中四个计算针对一台热耗率为 7（数字越小越好）

的联合循环燃气发电机。其每兆瓦时的边际成本等于 7（即热耗率）乘以 100 万英热单位燃气的市场价格，加上 4 美元可变运营和维修成本。我们通过进行 0.05、0.1 和 0.2 的概率计算，检查不同运行概率所产生的效果。第五种算法假设运行一台效率较低的燃烧涡轮机，其热耗率为 10.5，运行概率为 0.1。

表 1 可见在我们不同的假设条件下发电机生产能量、进行非转型服务以及由于以上两种选择均无利可图而保持闲置状态的每年小时数的百分比。表 2 则表明发电机在同表 1 的假设条件下每年带来的净收入。该表还包括了上文所述、针对各种类型发电机的年收入可行性标准。2008 年是非同寻常的一年。该年能量销售带来的净收入一项便超过了收入可行性标准；再加上辅助服务收入便更是锦上添花。而在 2009 年，能源市场所带来的收入实际无法达到各种假设下的 PNM 标准，而即使发电机选择进行辅助服务也是一样。

然而到了 2010 年，有辅助服务作为备选的发电机净收入在我们所设定的所有情境下都刚好低于标准。我们将可用的三年期间的数据加总后，可见热耗率为 7 的发电机显然做到了营利，而热耗率为 10 的发电机刚刚才到可行性的及格线。这些计算几乎肯定低估了潜在净收入，因为计算过程中假定非转型储备是发电机唯一能够提供的辅助服务。发电机在有更多选择的情况下可以提供其他在部分时段营利更多的辅助服务。遗憾的是我们无法获得能够使计算更加精确的数据。但是有一点似乎非常明显，那就是如果发电机的选择能准确反映现实状况，那么发电机将在一定时间内逐步达到甚至超过盈利标准，也即是说对 ERCOT 的单一能源市场的投资实际上是可行的。这样一来被用于高峰发电产生的财政收入建模的 PNM 计算方法可被看做是一种行政产物，无法彻底反映发电机所面临的经济机遇。

表 1 发电机运行和非转型储备小时

年度	热耗率	被使用概率	能源小时数百分比	非转型小时数百分比	闲置小时数百分比
2008	7	0.1	37.26	19.72	43.02
2008	7	0.2	36.66	16.86	46.48
2008	7	0.05	37.52	22.55	39.94
2008	10.5	0.1	8.12	29.16	62.72
2009	7	0.1	28.68	33.82	37.50
2009	7	0.2	27.93	25.55	46.52
2009	7	0.05	29.02	40.83	30.15
2009	10.5	0.1	7.75	30.04	62.21
2010	7	0.1	27.21	30.63	42.16
2010	7	0.2	26.84	26.77	46.39
2010	7	0.05	27.26	33.39	39.35
2010	10.5	0.1	18.05	30.69	51.25

表 2 发电机在能源及非转型市场获取的净收入

年度	热耗率	被使用概率	能源收入（美元）	非转型收入（美元）	总收入（美元）	非转型收入百分比	收入可行性标准（兆瓦时）
2008	7	0.1	181 905	17 352	199 258	8.71	
2008	7	0.2	180 891	17 491	198 381	8.82	105 000
2008	7	0.05	182 280	17 750	200 030	8.87	
2008	10.5	0.1	121 959	23 279	145 339	16.02	70 000
2009	7	0.1	65 751	12 964	78 715	16.47	
2009	7	0.2	65 249	12 302	77 551	15.86	105 000
2009	7	0.05	65 992	13 734	79 727	17.23	
2009	10.5	0.1	47 104	12 990	60 095	21.62	70 000

续表

2010	7	0.1	79 482	20 129	99 611	20.21	
2010	7	0.2	78 660	19 497	98 158	19.86	105 000
2010	7	0.05	76 677	20 905	100 583	20.78	
2010	10.5	0.1	57 635	19 852	77 487	25.62	80 000

　　某些年度的低 PNM 估值也反映了 ERCOT 正致力于消灭的低效行为。具体来说，在高峰时段，必须使用非转型储备，直到最近方才有所改善的有缺陷的操作程序此时便将该储备以有效竞价为零的价格带入能源市场。这样的行为有时会产生严重的"价格逆转"效应，压低市场价格，而其稀缺性本应使其价格上升。独立发电商卡尔派（Calpine）总结了一张单子，其中列有 2010 年 12 月 6 日至 2011 年 5 月 28 日发生的 54 次对非转型储备的使用，时长达 184.7 小时。从呼叫非转型储备前的最后 15 分钟到呼叫后的最初 15 分钟，平均市价的下降达到每兆瓦时 134 美元，这显示在那 6 个月内高峰负荷发电厂将发生经济损失 24 700 美元。PUCT 在 2011 年年末试图解决（至少部分解决）这个问题。他们要求非转型储备被引入市场时报价应至少达到每兆瓦时 120 美元。

　　（三）需求方的参与

　　直到最近，消费者在任何时段支付的电费与发电相关的边际成本都没有太大关系，这一现象导致市场低效运作，并威胁到了电网的可靠性。如果消费者能够看到价格并对其做出反应，基于可靠性所做出的容量市场相关论述便失去了其相关性。大多数拥有容量市场的 RTO 都容许零售供应商将可验证的需求响应当作合规容量资源。ERCOT 的需求反映机制允许用电方（即电力客户）参与以下四种可能的储备服务：

　　　•监管型（有起有落）：用电量受到 ERCOT 自动控制，要求遥测术及 4 秒响应时间以保持电网频率。获取资格的电量同时也可以提供非转型服务。

• 响应型储备：ERCOT 最多容许遥测设备控制的 1 400 兆瓦用电量，但是用电量不能超过相应储备市场的 50％。供应商须安装即时反应的低频继电器，并且要能够在提前 10 分钟通知的情况下打断其用电量。

• 非转型储备：用电量可作为非转型储备参与，必须能被遥测设备呼叫以功率小的增量供给能源市场，这种情况称为"下降"。

• 应急服务（Emergency response services，ERS）ERCOT 选择有资格的用电方、发电机以及用电方发电机组合体，在电网紧急调控时提供生产增量并承载减量。每四个月将举行一次拍卖，供应量从非高峰时段的 200 兆瓦到高峰时段的 1 800 兆瓦比比皆是。ERS 可能能够真正地带来更多用电方参与的好处，但是同时它也听任人们对用电方和发电机的不同价格进行潜在低效的支付。

根据 PUCT 政策，ERCOT 的输电与配电公司目前正在为所有零售消费者安装"智能"电表，这样一来进一步地提高了定价效率和需求响应效率。我们暂时还无法预测消费者对于新的选择方案的反应程度，但是我们注意到 ERCOT 目前正在为应对大规模反应做好准备。如果整体价格变得更为易变，该项服务应当会更有吸引力。遗憾的是，容量市场本身或是资源充足条件所引起的价格扭曲将会人为地降低易变性以及对更多需求反映的激励。

三、结论

容量市场的理论论据充其量也就能称之为薄弱。许多论据均建立在过于简化的假设条件上，而这些假设条件与现实情况大相径庭，尤其在导致迷失货币现象的必要条件上更是如此。需求反映缺失的相关性在市场发展的过程中降低，更多的用户根据边际成本看待价格，而需求管理也得到更为广泛的应用。以容量及投资金额为基准的价格将以行政方式确立，与经济效率的联系将非常单薄。

对 ERCOT 目前情况的审查并不足以向容量市场的支持者提供条理分明的支持。引用 2011 至 2012 年容量短缺情形的 ERCOT 评论多半在讨论一个特例——这样的特例是反常的政治、监管以及气候情况所造成的结果。在很多年度，极为保守的三年或五年预测都将显示 ERCOT 容量缺乏到了危险的地步，但是市场的力量无一例外都成功地恢复了足量发电。一些评论认为 ER-COT 的单一能源市场投资一直无法营利，这种观点是建立在监管部门决定的公式（PNM）基础上的，而该公式所设计的定义局限于所有潜在收入的一小部分分支内。

还有两个阻挠高效和可靠性的障碍正逐步逼近。第一个障碍是在高峰期应提升价格时反而降低价格的一套规章制度，PUCT 正在试图解决这个问题。第二则是需求管理。需求管理仍然需要惠及更多的机构，达到更大的规模，才能使定价与供给真正配比。但是这些难题，既不是使得能源市场无法高效有序运行的本质缺陷，也并非因为没有容量市场而产生。

参考文献

Peter Cramton, Axel Ockenfels, 2011, "Economics and Design of Capacity Markets for the Power Sector", *University of Ma-vyland working paper*, Oct. 30.

Brattle Group, 2012, "ERCOT Investmeat Incertives and Resource Adequacy", June 1.

American Pablic Power Association, 2012, "Money for Notting in the Power Supply Business", *Issue Brief*, March.

Paul Wattles, Karen Farley, 2012, "Price Responsive Load: Next Steps—Data Collection", Electricity Reliability Council of Texas, October 16.

Seth Blunsack, Alisha Fernandez, 2012, "Ready or Not, Here Comes the Smart Grid", *Energy*, Vol. 37, No.1.

Konneth W. Andevson Jr., 2012, "Resource Adequacy in ERCOT", presentation graphics submitted in *PUCT project* No. 40 000, Nov. 12.

Electricity Reliability Council of Texas，2010，*Texas Nodal Mowket Cucide*，*Version* 3. 0，Electricity Reliability Council of Texas.

简 讯

探问国家公路交通安全管理局
有关"有噪音电动汽车"法令

索菲耶·E. 米勒[*]

今年早些时候，国家公路交通安全管理局（National Highway Traffic Safety Administration）公布了一项法令草案，要求混合动力和电动汽车在时速低于每小时 18 英里的情况下，制造出声响。由于采用了电动马达，混合动力和电动汽车发出的噪音比采用内燃发动机（internal combustion engines，简称 ICEs）的普通车辆要小，立法委员和监管官员担心行人听不到车辆开过来而受伤。

根据《2010 年行人安全提升法案》（2010 Pedestrian Safety Enhancement Act），国家公路交通安全管理局必须进行安全标准立法活动，让混合动力和电动汽车产生"警示性噪音"。相关法案要求混合动力或电动汽车发出的噪音，必须能让行人，尤其是视觉残障的行人，辨别出车辆运动的方向。国家公路交通安全管理局要根据《国家交通与汽车安全法案》（National Traffic and Motor Vehicle Safety Act）相关规定开展工作，这要求国家公路交通安全管理局的规定必须"有实效、实用、客观，以便能满足

　　* 索菲耶·E. 米勒（Sofie E. Miller），乔治·华盛顿大学规制研究中心政治分析员，《规制研究摘要》杂志编辑。

安全需求。另外，在制定和公布相关标准时，国家公路交通安全管理局必须考虑所制定的标准是否合理，是否可行，是否适合标准所涉每类车型"。

根据有关部门公布的数据，混合动力汽车与行人碰撞事故比例比内燃机引擎汽车要高 40%。多数上述类型事故发生在车辆低速行驶时，此时混合动力车辆的内燃机引擎并不开启。有趣的是，同款混合动力和内燃气车型与行人碰撞事故数据差别最大的，竟然是本田思域（Civic）的混合动力车型与内燃机车型，然而思域混合动力车型的内燃机在怠速时也处在开启状态，而且两类车型的噪音水平相近。

提案中的"有噪音的车辆"标准，要求混合动力和电动汽车、卡车、厢式货车、公共汽车和摩托车必须能发出行人在安全距离内听到，以及周围环境中可以识别出的噪音。噪音必须能让行人在 2 米的距离内听到，还要模仿内燃机引擎随着速度提升而噪音逐渐增加。在特定噪音环境下，新标准甚至要求电动汽车和混合动力汽车的噪音比同类内燃机引擎还要大。

国家公路交通安全管理局估计此项立法可以挽回 35 条行人的生命，每条生命值 83 万到 99 万美元。此项法案总成本预计 2 500 万美元，给混合动力或电动汽车安装声音增加装置，每部车 30 美元。

根据上述条件，国家公路交通安全管理局承认，目前"没有研究证明，车辆噪音的提升与电动车、混合动力车辆与行人碰撞风险的减少有直接关系"，所谓法案带来的好处，可能有些夸大其词。另外，国家公路交通安全管理局似乎没有考虑车辆噪音对健康产生的负面影响。在这个问题上，环境保护署认为：

> 噪音污染影响上百万人的健康。研究显示，噪音与健康之间存在直接关系。噪音造成的问题包括压力相关的疾病、高血压、语言障碍、听力受损、睡眠中断和工作能力损失。噪声性耳聋（Noise Induced Hearing Loss，NIHL）是最常见及被广为讨论的健康影响，研究显示长时间身处噪音环境环境中或高水平噪音，可以引发多重负面健康影响。

过去，环保署和联邦航空局（Federal Aviation Administration）都曾治理过噪音污染问题。如果所谓"有噪音的汽车"法令中部分噪音标准得以实行，相关噪音水平将有可能达到联邦航空局噪音监管的上限。

对规制进行回顾性调查的必要性

萨姆·巴特金斯　艾克·布兰农[*]

在政府中，阻止坏的监管理念成为法规似乎是一项永远做不完的工作。作为行政管理和预算局（Office of Management and Budget）的下属机构，信息和规制事务办公室（Office of Information and Regulatory Affairs）的主要职责是评估行政机构立法行为，该办公室主任卡斯·桑斯坦（Cass Sunstein）在过去三年半里就做的是这项工作。他很快便意识到，作为白宫的法令警察，就是成为每个希望法令通过审查的行政机构的众矢之的。

入阁前，桑斯坦曾是芝加哥大学著名的法律学者（也是奥巴马总统朋友），去年他转投哈佛大学。近期，他撰写了一部名为《更简单：政府的未来》（*Simpler：The Future of Government*），推销他的立法回顾性调查，并提出政府更优方案的哲学思想。

从有限政府角度来看，他在信息和规制事务办公室的职位与奥巴马政府都被寄予厚望，奥巴马政府中众多资深监管重臣对成本—收益分析深度怀疑。桑斯坦可能算不上职业经济学家，但是他真心希望有助建立一个更聪明的——如果不是更精干的——政府。

他也承认，过去四年里，联邦政府颁布实行的新法规，花去

---

　* 萨姆·巴特金斯（Sam Batkins），美国行动论坛（American Action Forum）监管研究主任。艾克·布兰农（Ike Brannon），华盛顿特区 R 街学院（R Street Institute）研究部门负责人。

公帑数十亿美元。根据行政管理和预算局估计，过去十多年里，新制度合规成本竟在 570 亿到 840 亿美元。这些触目惊心的数字，只是监管政策实施成本的冰山一角：根据《2013 年政府法规成本收益国会预算报告》（2013 *Draft Report to Congress on the Costs and Benefits of Government Regulation*），2012 年是出台新法规涉及成本最高的年份，而此报告只分析了 3 800 项新法案中的 14 项后便得出了上述结论。

我们能否就此确定上述新颁布的法案，其收益一定大于成本呢？这个问题完全属于信息和规制事务办公室的职权范围。但是，如果提交法案的主体，同时也负责向信息和规制事务办公室提供收益成本信息的话，那么信息和规制事务办公室的工作就有一些复杂了。这需要政治智慧和胆识，才能敢于向环保署说"不"，尤其是民主党执政下的环保署。

我们是否应该感谢桑斯坦，是他让事情比原先更好，或者是否会有各种政治紧急情况需要千方百计绕过他，留给我们不必要的昂贵监管环境？如果我们只是对相关部门为了证明法案有效而提供的原始成本—收益分析一味批评的话，对辩论的意义就太少了。事实上，我们能做得更多。

麻省理工学院经济学家迈克尔·格林斯通（Michael Greenstone）强调，绝大多数监管法规只在实施之前进行过成本—收益分析，而所谓的分析也是建立在对未来一系列假设和预测基础上的。考虑到预测未来的成本和收益十分困难，只好直接参照最近通过的法案，并判别上述成本和收益与相关部门的初期分析中预测的情况是否相近。这些信息可以用于修改或废除达不到成本—收益标准的相关规定，可为将来的成本—收益分析提供必要参照物，并加以改善。

很容易理解，相关部门对此颇为抵触。拥有监管责任的部门，最不愿意见到的就是将来自己的职权受到限制，手脚被捆起来。

2011 年，桑斯坦高调发起一项运动，对法案进行事后评估，强调这是"监管界的点球成金"（Regulatory Moneyball）或超越政治紧急情况的衡量标准。但是上述努力似乎并不会被电影《点球成金》中男主角比利·比恩认可：回顾性调查只关注少数监管特例，而漠视成千上万真正需要时候评估的法案，例如，目前仍不在信息和规制事务办公室管辖之列的独立机构。

对全面进行回顾性调查持反对意见的人们，应该会对能证明自己法案净收益的机会持欢迎态度。例如，难道激进分子不想知道旨在减少污染的法案的确见了效，或者公司找到了较为廉价的达标方法？

这是理想的回顾性调查情况，起码对那些"经济影响巨大的"法案来说。但是，白宫并没有这么去做。与此相反，奥巴马政府却大肆借鉴前任政府经验，只对简单的命令——控制性法案进行"回顾性"调查。

对各种回顾性调查进行的全面性检查显示，政府很少对现有法案进行检查，以便减轻负担。过去三年间，回顾性检查节省了33亿美元的合规成本，多数来自类似对老年保健医疗制（Medicare）和医疗补助制度（Medicaid）的细微改革，及对提升铁路安全的《积极列车控制》（Positive Train Control）小幅紧缩的过程中。此举节省了1 170万小时的文书工作时间，相当于监管工作的总文书时间的千分之一。表1中列明了本次活动中重大的监管费用减少的情况。

但是，与政府实际通过的数量巨大的法案相比，回顾性检查节约的成本不过是九牛一毛。表2中列出的部分法案。如果将所有的"回顾性检查"法案都包括进来，那么成本和文书工作时间将会增加，110亿美元的合规成本和53亿小的文书工作时间——这并不是回顾性检查真正应该运行的方式。

其他国家，尤其是韩国，在检查及修改法案方面成绩斐然。韩国已经检查过逾11 000份法案并废除了其中一半，还对2 400份法案进行了修改。以我们区区90项法案被检查的现状来看，我们还有很长的一段路要走。

各州政府在回顾性检查方面表现更佳。2012年，前印第安纳州州长米奇·丹尼尔斯（Mitch Daniels）签署法令，将几项回顾性检查原则以立法形式确立下来。在印第安纳州，法案执行后三年时间里，州行政管理和预算局（Office of Management and

Budget）会提交第二份成本—收益分析报告，将法令对"消费者保护、工人安全保护、环境和商业竞争方面"的影响与最初的预估进行了对比。此项立法在民主党议员和选民当中没有引起强烈反弹。

路易斯·布兰代斯（Louis Brandeis）法官曾说过，没有伟大的著作，只有伟大的重写。我们的监管分析中独缺重写这部分：一旦政府实行了某项法令，没人会在意此项法令是否运行以及运行情况，除非必须为之，很少会有人对此问题认真思考。我们需要强迫政府监管官僚体制，对法案进行重新检查，并尽可能地对其进行完善。

表1　重大的监管费用减少的案例

法案	成本减少（美元）	文书工作时间（小时）
《积极列车控制修正案》	6.45亿	380万
《老年保健医疗制和医疗补助制度减免法案》	6.3亿	10 400
《火花点火引擎有害大气污染物排放标准》	5.2亿	101 772
《填充燃料时的蒸汽回收》	1.22亿	
《驾驶员—车辆检查报告》	5 400万	一160万小时

表2　重大法案回顾性检查增加成本的案例

法案	成本（美元）	文书工作时间（小时）
《变压器效率标准》	52亿	58 320
《驾驶员服务时间》	4.7亿	
《HIPAA法案修正案》	2.39亿	
《健康IT标准》	2.88亿	538
《老年保健医疗制优势调整》	1.02亿	

让免税代码做的更少

艾克·布兰农[*]

著名的行为经济学实验，让被测对象设想自己站在足球场门前，一项重要赛事马上开赛。被测对象身上带着一张门票和一张100美元的钞票。门票恰好也是100美元。要求被测对象考虑下列两种情形：第一种情况，如果他丢了100美元的钞票，但身边的票贩子愿意以100美元的价格收购他手中的门票。第二种情况，被测对象丢掉了门票，票贩子愿意以100美元价格卖给他门票——同一区域、同一排的座位。有趣的是，第一种情形下多数人选择留下门票，而第二种情况下多数人选择留下钞票。

上述两种答案提出了同样的问题，为什么丢掉的那张纸——100美元的钞票或一张很容易兑换100美元的门票——会这样重要。经济学家认为这里没有什么差别，但是差别还是很明显的。

这种截然对立的情况，解释了为什么我们会通过免税代码，实现如此多的社会和经济政策。

免税代码的首要也是重要的关注点，应是尽可能在无痛苦条件下增加税收——哲学家科伯特（Colbert）数百年前便认识到这一点，并说出如下名言："尽可能在最小抱怨声中，拔更多的羽

---

* 艾克·布兰农（Ike Brannon），华盛顿特区R街学院（R Street Institute）研究部门负责人。

毛。"通过税法推行政策，正好与上述目标有冲突。它掩盖了相关项目的真实成本。合理化的收入税，不会动用成千上万的政策杠杆，来迫使国会和国家就我们到底需要政府作为及不作为什么进行真正辩论。

例如，如果政府不再能减免按揭利率，政府是否会向购房者提供总量相同的按揭利息补贴呢？如果答案是否定的，那么为什么减税优惠还会持续下来，而不是终止？

一、哪些收入应该纳税？

尽管我们使用免税代码激励各种行为，但是在激励人们储蓄方面表现欠佳。我们对并不列入税收优惠之列的绝大多数投资收入双重征税，首先是对挣来并用于投资的钱征税，然后对投资回报征税。尽管自由派将降低资产利得税和所得税视作给富人送礼，但是绝大多数税收经济学家将此类所得税——算是对推迟消费的一种奖赏——视作昂贵的征税方式，以累进制方式进行并会降低发展速度。

让工薪家庭更容易进行储蓄——无论动机如何——都是税制改革的核心目标。并且各种收入水平的家庭对储蓄激励都能有所行动。例如，一项旨在为参与者（主要是纽约市低收入家庭）提供储蓄补贴的政策试验——哈雷儿童特区（Harlem Children's Zone）——显示，即便那些普遍不会存钱的家庭，只要回报足够高，也会进行储蓄。

我承认，批评通过免税代码推行社会政策的同时，建议发挥其他激励机制，似乎有些矛盾。但是，我认为不能将储蓄带来的收入纳入税基。如果这样做政治上不太现实（我担心事实的确如此），我们应该让其成功，在政府没有介入的情况下，尽可能多的人能开始储蓄。

我们现在为希望储蓄的家庭提供税收优惠账户，账户指定特定用途，例如，退休金、教育、卫生保健。但是这些账户都有上限和年度提款限制、高昂的违约罚金。上述努力可以有所改善。联邦和州层面的税收优惠储蓄账户混合在一起，很难清楚分开，各州利用各自对大学储蓄账户的类垄断，通过允许他们选定的银行收取比其他公司更高手续费，例如，标准的指数基金手续费低于资产总额的 0.2%。在华盛顿特区，唯一的一款指数基金——大学基金——其手续费却高出 0.5 个百分点——除了政治上照顾之外别无其他可信解释的矛盾之处。

布什政府 2006 年对终身储蓄账户（Lifetime Savings Accounts）和退休储蓄账户（Retirement Savings Accounts）的概算，值得重新考虑。每个账户允许每年将 15 000 美元纳入税后资金中，取款（对于前者一年以后，对于后者只要年满 65 岁）是免税的。将退休福利纳入一个账户，而健康、教育和其他事项纳入另外一个账户，提前收税，然后利息和收益免税，这将是一个很大的简化。只有在根本性税制改革过程中才能实现，对现有免税代码进行积极修改完善，例如取消或限制各种减税，或将减税变成丰厚的贷款，这样也能保存政治上的可行性。

与此相对，更大比例的儿童税收减免——在众多社会保守派内十分流行［最著名的当属拉梅什·庞努鲁（Ramesh Ponuru）和鲍勃·斯坦（Bob Stein）］——也是走错了路。该政策既不改变储蓄动机，也不会对个人做更多工作或做任何事情的动机发生作用。政策也没有明显的进步性，在富人或穷人的待遇方面——尽管如果不是全部返还的话，将会对富人有利。另外，还要回答一个问题，如果不通过减税的话，这个项目该如何进行：政府会不会给每个生养孩子的家庭寄去 7 000 美元的支票？如果不会的话，那我们为什么要通过减税来这样做呢？

应该考虑一下，我们是否想通过税收激励来提升出生率。美国妇女平均生育 1.85 个孩子，低于替代出生率。随着年逾 65 岁老人增长的速度超出以前水平，这一比率仍在不断降低。

二、对上大学不要激励

毫无疑问，过去二十多年里，上大学的"标价"大幅上涨。以我的母校奥古斯塔那学院（Augustana College）为例，1984 年我上大学时的学费、住宿和伙食费加起来不到 8 000 美元——毕业时这个费用标准已经涨到不足 9 000 美元。今天，这笔费用已经达到 40 000 美元，相当于过去 30 年里每年大约增长 5.3%。

但是，由于有了财政补贴及大学使用补贴来优化价格歧视政策，上大学的实际费用要明显小于大学的标价。大约 1% 奥古斯塔那学院的学生要缴纳全额费用。使用奥古斯塔那学院——或者哈佛大学——的学费作为上大学真实成本的指数，并不符合实际。

不妨用另外一个数据来计算上大学的真实成本：在我的家乡，伊利诺伊州皮奥里亚，有家不错的专科学校，伊利诺伊中心大学（Illinois Central College），我曾在那里读过书，老师都十分出色。今天，那里的学费每年不到 3 000 美元。州立四年制大学的学费每年 11 800 美元。换言之，如果没有财政补贴的话，伊利诺伊中中部的居民要花费 30 000 美元，才能获得四年制大学学位。年收入不足 100 000 美元的家庭（恰好占当地家庭的 97%）且考生拥有优异的平均绩点和 ACT 成绩，可以接受财政补贴。

尽管对于绝大多数有孩子的中产家庭来说，大学费用是头等大事，但是采用免税代码来减轻负担的做法往往事与愿违。让私立大学费用水平达到中产或上中产阶级能负担的水平，并非联邦政府的责任。另外，这方面服务的非弹性供给特性，意味着政府提供的补贴绝大多数都会被大学占用。

三、不要为害作乱

身为能源和商业委员会前任工作人员，我十分了解司法帝国主义（jurisdictional imperialism）的倾向。无论少数和多数职员如何紧密合作，主席和高级官员都认为其他委员会侵占他们的职权。但是大幅简化的免税代码，能去除掉各种激励政策，包括购买房产和节能汽车、加固住房保暖措施，以及成千上万各色事项，最终降低免税代码的执行和遵守成本，并更好适应经济发展的需要。这样能让我们将税率降到比现在还要低的水平上。我可能猜不到亨利·梭罗（Henry Thoreau）面对当前的免税代码会说什么，但是他那"简化、简化、再简化"的观点，一定能给今天带来启示。

默克尔、撒切尔和头脑僵硬的石头

皮埃尔·勒米厄[*]

在谈到政府高管收入问题时，德国总理安吉拉·默克尔曾对《经济学人》杂志说过这些话："在自由和存在社会意识的社会中，高收入是不能被允许的。"英国前首相玛格丽特·撒切尔，曾因"根本不存在社会这种东西"的言论而广受诟病。

人们可能认为默克尔的话是口误或者是溢美之词——就好像她曾说过"头脑僵硬的石头"（stony minded stone）——但是，她的话与撒切尔的话正好代表对社会两套不同的看法。默克尔似乎将社会视为拥有一致喜好的有思想深度的个体，类似于人类个体。相比而言，撒切尔了解的更深刻些。

将人类群体拟人化是惯常的做法。不妨看看下面的例子：环保和反全球化活动分子经常对外宣称"健康的社会，可以决定自己进出口的东西"。在民主时期里，这个集体的拟人形象便是我们自己："我们这个社会"、"我们作为民族"、"我们作为国家"。"作为一个民族，我们反复错过解决这一问题的机会"，众议员加布丽埃勒·吉佛斯（Gabrielle Giffords）的丈夫在讨论枪支管制问题时这么说。奥巴马总统也曾说过，"我们作为国家"击毙了本·拉登。

---

* 皮埃尔·勒米厄（Pierre Lemieux），魁北克大学管理科学系经济学家。他还是《公共债务问题：综合指南》（*The Public Debt Problem：A Comprehensive Guide*，Palgrave Macmillan，2013）一书的作者。

如果我们决定以"社会"或"国家"的名义决定并做什么事情时，那么"我们"必须拥有某些集体喜好，以便于我们决定何事能做。社会必须拥有自己的偏好，无论是否具有社会责任心。很少有人会关心这些社会偏好来自何方，科学研究证明这些喜好的真实性如同独角兽一般。

看看如下的两难境地：一方面，社会的偏好不可能独立于个人喜好之外。由无社会责任心的个人组成的社会，也不表现出社会责任心。对于社会偏好完全独立于社会中个人喜好的情况，我们只能将这样的社会设想成为拥有自己头脑的生物体。很多人持有此类观点。举一个例子：在撰写相关近期波士顿马拉松爆炸案及政府没有推行更严格枪支管制题目的文章时（此类问题欧洲人很难理解），《经济学人》杂志的美国记者大肆鞭挞英国的"国民道德心"和美国的"全民灵魂"。弗里德里希·哈耶克曾提醒过，社会有机论不但没有科学基础，而且"难免沦为等级制和极权观点的帮凶"。

另一方面，社会偏好也不等同于个人喜好，毕竟个人喜好因人而异。个人喜好也需要通过某种功能转化为社会偏好。经济学家将此称为"社会福利函数"。

一、喜好总合问题

终于说到了喜好总合问题。人们所谓"我们作为社会"或者特定意识的社会（例如，无偏见的、高尚的、上帝意识的）的说法，只是认为社会拥有自己的偏好，并且可以通过某种方式从个体喜好中总合出来。但是，问题是该怎样总合出来呢？该如何将个体的喜好加总起来，比如说一部分是有社会意识的个体，而另一部分是没有社会意识的个体？有关喜好总合问题方面的学术研究论文告诉我们，这是无解的。

1970年诺贝尔经济学奖获得者保罗·萨缪尔森曾指出，社会不可能像个人一样对一篮子商品服务（比如枪炮和黄油之间的不同组合）表现出一致的偏好。社会福利函数代表着社会福利，正如个人效用函数描述的是个人效用一般，但是萨缪尔森认为此类社会福利函数不可能被定义（在商品领域）。

尽管完整解释需要一些技术分析，但是原因却十分简单。对于社会来说（如果你允许我暂时用默克尔的语言来揭示），任何给定商品和服务组合都是取决于不同的社会无差异曲线——意味着不同的社会福利水平——在社会成员间是如何分配的。例如，对于由 100 万套住房和 50 万辆汽车组成的商品篮子，是否要比 50 套住房和 100 万辆汽车更受欢迎，关键要看这些住房和汽车是如何在个人间分配的。如果上述不正确的话，那么个人对分配的偏好，包括个人自己喜好，也不能考虑进来。所以，唯一能适用社会福利函数的地方就是效用领域：也必须同个体间分配相关。

上述社会福利函数，又称作伯格森—萨缪尔森社会福利函数（Bergson-Samuelson social welfare function）。它表达了社会对效用在个体之间分配的偏好。这个函数的最亮点，就是不会真正将个体喜好汇总起来：哈佛大学经济学家弗朗西斯·巴托（Francis Bator）1957 年在著名的论文中这样写道，社会福利函数“可以是你的、我的，或者是摩萨台的”，摩萨台可能是指穆罕默德·摩萨台（Mohammad Mossadegh，1953 年被推翻的伊朗进步首相；也可能是巴托对体育明星的别称）。

二、阿罗定理

萨缪尔森的例子，实际上是阿罗不可能定理（Arrow Impossibility Theorem）的一个特殊案例。1951 年，就在萨缪尔森和巴托论文面世前几年，1972 年诺贝尔经济学奖得主肯尼思·阿罗发表了他的著名著作《社会选择和个人价值》（*Social Choice and Individual Values*）。在书中，他通过计算演示了个体喜好如何总合成社会福利函数——即便只是在效用领域——是不能完成的任务，除非有人去违反公理条件。简而言之，主要的条件包括：

- 社会偏好必须同个人喜好一样具有一致性，即，如果 A 优于 B，而 B 优于 C，那么 A 就一定优于 C。
- 社会福利函数绝不能具备任何形式的独裁，即某些个体对特定社会结果的喜好，不能罔顾其他个体的需求而总是统治一切。

阿罗认为，上述两个条件不可能同时满足：从个体喜好总合出来的社会偏好，要么是不一致的（不具传递性），要么就是独裁的——独裁者将自己的喜好强加给别人。

这个故事中最喜人的部分是阿罗定理的另外一个特例，叫做投票难题。这个难题，首先由 18 世纪法国数学家、哲学家孔多塞（Marquis de Condorcet）发现，后来被 19 世纪的数学家查尔斯·道奇森（Charles Dodgson）[更广为人知的是他的笔名，（刘易斯·卡罗尔）]重新发现，在阿罗之前又被经济学家邓肯·布莱克（Duncan Black）独立提出过。孔多塞、道奇森和布莱克都发现，作为总合个人喜好的方式之一，投票可能会引发不一致性，或称为"循环"，大多数人开始选 A 弃 B，接下来选 B 弃 C，但最后选 C 弃 A。

当认识到由喜好不变的选民参加的投票，可能产生彻底不一致性结果后，布莱克感到心烦意乱。"发现算法正确无误，但不可传递性始终存在，"他后来解释道，"我便开始觉得恶心，就好像生病一般。"阿罗将这种恶心感，传染给了所有研究这一问题的经济学家和政治科学家。

投票和其他喜好总合机制的数学模型可以解释，冲破愚昧无知的藩篱，多数人意见常会表现出不一致性。例如，（波士顿爆炸案之后）4 月份民意调查显示，大多数美国人支持扩展对枪支买卖的背景调查，同时美国全国步枪协会（National Rifle Association）支持率要高于民主党国会议员。对于上述不一致性的直觉判断是，不同的大多数选民支持不同的选项，而相对大多数人来说，部分选民对不同选项之间的关系发生了认识扭曲。他们不但意见不统一，在对世界的总体观点上也是不一致的。

经典自由主义者孔多塞，在法国大恐怖时期（French Terror）被捕并于 1794 年 3 月 29 日死于狱中。他悲剧性的人生结局，与其发现投票难题没有任何关系——要是有的话，也是间接联系，重要的是非理性和独裁政治之间不可避免的抉择的含义。如果法国大革命当局的各项决策不是由几位激进分子去推进的话，那么结果也可能是反复无常的。

三、集体主义者的话语

阿罗定理产生出一系列相关文章。尽管未证明此定理有错（定理实际上是个逻辑问题），但是部分条件却被人指摘——尚未触及核心内涵。从政治经济学角度出发，更少从技术方面的视角，戈登·图洛克认为社会和政治机构缓解了投票决策中的潜在不一致性问题，使得阿罗定理不再适用。与之相反，詹姆斯·布坎南对循环持欢迎态度，这样的话可以防止多数团体长期压榨同样的少数团体。更保守并接近图洛克及哈耶克的批评观点认为，这是传统的行为准则，可防止社会过度异质性，并压制非一致性。一致性是以对每个人施加传统的代价而实现的。

我们可以放心地作如下结论，社会并不像个人那样依据偏好做出决策。另外，做出政治决策（通常是非理性方式）的是国家，而非社会。有被压倒的真实的个人，不存在特定思维的社会，除非这个思维是可变的，或由其他人强制实行的。谈论社会责任的社会，更显可笑，正如它隐含着对个人思想的一种模拟。类似地，"我们作为社会"并不代表什么一致的含义，或者说，这不过是"我们将自己的喜好模式强加于人"。

可能默克尔是无心之言。鉴于她并非经济学家，她很有可能从未听说过孔多塞、道奇森、布莱克或阿罗的大名（事实上，很多经济学家对这些大家也不过是略有耳闻而已）。可能她不过是哈耶克所谓"我们的有毒语言"的另外一位无意识的受害者。"尽管'社会'一词已经国际化，"哈耶克说道，"1949 年东德宪法中使用了'社会法制'（sociazialer Rechtsstaat）一词，才将其推向最极端的形式。"这种集体主义的话语十分危险，因为其隐含支持歧视性心理状态，强行将部分人的喜好强加给另外一部分人。事实上，默克尔大部分生活实践都是在东德，而那种环境不可能提供最佳的矫正方法。无论如何，撒切尔还是对的：作为思考和行动主体来说，并不包括社会。

延伸阅读

Friedrich A. Hayek, 1973. *Law*, *Legislation and Liberty*, Vol. 1：*Rules and Order*, Chicago：University of Chicago Press.

James M. Buchanan, 2003, "*Public Choice：Politics Without Romance*,"Policy, Vol. 19, No. 3.

Kenneth J. Arrow, 1951, *Social Choice and Individual Values*, *2nd ed*. , New Haven：Yale University Press.

Paul A. Samuelson, 1956, "Social Indifference Curves", *Quarterly Journal of Economics*, Vol. 70, No. 1.

Friedrich A. Hayek, 1988, *The Fatal Conceit：The Errors of Socialism*, Chicago：University of Chicago Press.

Gordon Tullock, 1967, "The General Irrelevance of the General Impossibility Theorem", *Quarterly Journal of Economics*, Vol. 81, No. 2.

Francis M. Bator, 1957, "The Simple Analytics of Welfare Maximization,"*American Economic Review*, Vol. 47, No. 1.

食品行动主义多大程度上是胡闹？

杰夫·施蒂尔　亨利·I. 米勒 *

　　市面上不少人会告诉我们该吃什么——更糟糕的是，他们还会利用公共政策，迫使我们按照他们的意见生活。尽管他们中大多数深谙卖书之道，即通过报纸和媒体招待会来推销自己，但了解我们生活方式需求、食物和农业经济学，以及最重要的问题——营养的人，却寥寥无几。我们建议，别去理会他们的唠叨，适量摄入多种食物，对政府内外像保姆那样的食品行动主义者的胡闹保持警惕。

　　一些食品方面的"圣人"建议我们远离包装食品或者任何利用现代技术生产的食品。甚至还流行所谓"石器时代食谱"，基本观点是"像我们石器时代的猎人——采集者祖先吃的那种有益健康、时令食品"。这也让我想起一副描绘石器时代居民的漫画：一群人站在那里聊天，其中一个人说道："我真搞不懂。像我们这样经常锻炼，又没有污染，只吃未经处理的天然食物，可是没人活过 30 岁。"

　　*　杰夫·施蒂尔（Jeff Stier），国家公共政策研究中心（National Center for Public Policy Research）高级研究员。亨利·I. 米勒（Henry I. Miller），斯坦福大学胡佛研究所（Stanford University's Hoover Institution）的医生兼研究人员；1977 年至 1994 年，他曾在国家卫生研究院（National Institutes of Health）和食品及药品管理局任职。

如果你相信那些自封的食物警察的蛊惑人心的话，那么每一项食品科技进步只能带来肥胖、慢性疾病，甚至对脂肪和糖的上瘾。但这一切都是胡说八道。

农业经济学家杰森·勒斯克（Jayson Lusk）似乎抓到了时下的问题核心，一部分记者、专栏作者、明星大厨以及食谱作者都谋划制造一个扭曲、反乌托邦式的现代农业，鼓吹："治愈我们疾病唯一解药就是本地、有机、缓慢、天然的以及未加处理的食品，另外再加上健康剂量的新版食品税、补贴和监管政策。"

一、动人的说辞

同时发生在激进人群及主流群体中的妖魔化食品工业的潮流，才是制造麻烦的根源。

食品行动主义对生产加工食品的企业大肆挞伐，原因在于他们不但要彻底改变我们的饮食习惯，用此项运动的首脑，发起人迈克尔·波伦（Michael Pollan）的话来说，更是一场"家庭劳动的分工"革命。他认为，如果你不爱或者没有时间自己去采购原材料或自己下厨的话——最好从原材料做起——食品工业将会通过销售有害的加工食品来"剥削"你。

因为波伦的书籍大卖，对公共政策产生影响，成为了"食品行动主义分子"的必备圣书，那些观点已经融入主流意识。例如，《纽约时报》食品作者马克·比特曼（Mark Bittman）曾写过，波伦在其早期书籍中"十分中肯地分析了生产及营养问题"。

为了揭开众多食品行动主义不过是精英噱头的面纱，不妨看看波伦在其《杂食者的困境》（*The Omnivore's Dilemma*）中是如何天花乱坠地描绘在天然食品超市（Whole Foods）购物的"文学经历"。

> 他看到的大部分食品，都贴有天然食"有机认证"（certified organic）、"人道饲养"（humanely raised）或"自由放养"（free range）的标签。但是在那里，这才是问题的关键：就是这篇动人的说辞，让食品变得特殊，将一只鸡蛋、一块

鸡胸或一把芝麻菜从普通的蛋白质和碳水化合物的范畴，上升到更时髦体验，拥有复杂的审美、感情、甚至政治含义。

有趣的是，脂肪在这种文学式的陶醉经验中没有立足之地。

便利和食品精英主义不可避免相互冲突。在他的新书《烹饪：转变的自然历史》（*Cooked：A Natural History of Transformation*）中，波伦提出对"加工好的"食品征税。作为波伦的坚实拥趸和帮腔者，比特曼也忠实地发声支持："对加工食品，而非原材料征税，是个好主意。"是的，我们滑向了危险的边缘：如果对汽水征税反映代表公众利益的公共政策，让我们用同样的政策工具，来限制超市销售被论文定为危险的非原材料食品。

幸运的是，上述观点只算是餐饮高端人士的一方观点。大厨、餐馆老板兼电视明星及《速食我做主》（*Fast Food My Way*）的作者雅克·丕平（Jacques Pépin）说："就像你在餐厅里使用预制好的菜品一样使用超市的菜品——切好的蘑菇、洗好的菠菜。现在超市可以做这些事情……但是，更加方便。"超市不但能在你忙的时候帮你切菜，它们还提供各种食材（例如小牛肉）或整份大餐，比那些大忙人的快餐选择可是要全多了。

二、工业化食品

近些年食品工业蓬勃发展，但对此持反对意见的人，有时却像在讨论宗教问题。巴氏消毒法便是一个很好的例子。巴氏消毒法用来杀灭乳制品、果汁和罐头食品中的细菌，延长保质期并降低食物中毒的可能性。但是，仍有一小撮死硬派坚持认为，巴氏消毒法破坏牛奶中的营养成分，而鼓吹饮用生奶，尽管健康部门对此一直持反对意见并明令禁止。（尤其是幼儿、老人、免疫系统功能不全人群以及孕妇会被生奶中的病原体感染。）

一个不太显眼但同样广泛应用的食品加工技术，就是 20 世纪 20 年代克拉伦斯·伯宰（Clarence Birdseye）发明的速冻技术。伯宰通过方便包装并保存食物原味的方法，将速冻技术商业化。速冻食品发展经历了很长一段路。速冻食品不但方便，而且出乎意料的是，营养方面经常超越新鲜食品。2007 年，加州大学戴维斯分校食品科技系的科学家，针对食品加工对营养的影响方面的科学论文进行研究。出人意料的是，"新鲜食物在储运和烹饪过程中损失的营养成分，比通常想象的要大很多。速冻和罐头加工方式，却能保存营养成分"。他们的结论是"一味推崇新鲜食物，实际上是罔顾罐头和速冻食品中的营养成分"。

这也说明了为什么大公司投产精密昂贵的速冻技术，在收获地速冻蔬菜的"工业化食品"，会比您下班回家路上买的"新鲜"胡萝卜和生菜营养要好的多。那些新鲜生菜和胡萝卜运到城里并在分销中心或货栈停留至少一个星期。甚至是农民直销的农产品，在你购买前，至少也要在大热天里放上一两天的时间。这一刻，波伦提出的税收，失去了光彩。

既然具备方便、营养好、损耗小的特点，这也难怪速冻食品会大行其道。根据美国冷冻食品学会（American Frozen Food Institute）的统计数据，去年速冻蔬菜销售额高达 57 亿美元，而速冻水果的销售额 4.22 亿美元。波伦提议的加工食品税收，只会让速冻食品丧失竞争力，并影响其消费量。

食品精英主义可能还会有市场，但对于那些忙活一天后，只想放松一下并能享受一份美食，而不是寻求什么存在主义的神话的普通人来说，所谓自己采摘、本地栽种、有机、人道饲养、非圈养、公平贸易和可持续生产的食品这些理念，恐怕就不大会奏效。

食品安全：市场解决方案？

保罗·施文内森[*]

2012 年，被污染的香瓜和芒果造成的沙门氏菌爆发，致使 3 死 400 伤，使得食品安全问题成为新闻。通常来说，我们会将类似食品中毒案件归罪于唯利是图的邪恶公司。过度宽松的食品安全法律，以及预算不足、人手不够的政府食品检测部门，让这些公司钻了空子。但是，作为美国肉类食品产业的一员，我还要指出两个"黑手"：美国命令与控制式的食品监管体系和公众对上述体系的信任。

平心而论，命令与控制的观点并非一无是处。美国的食品供应体系，堪称世界上最安全的体系之一。我们能以很低廉的价格买到丰富的食品（每天摄入 3 700 千卡的热量）而食物中毒几率极低（根据疾病控制中心的数据，食物中毒事故发生率仅有 0.003 5%）。严格的监管环境，是创造我们可以信任的食物的关键因素，更严格的标准将带来更进一步的改善。

但是，我认为，当前的体系没有用好具有创造性的市场激励措施，来进一步提升食品安全。因此，我们满足于得过且过——只关心达到政府设定的最低安全标准。尽管上述理论并非无懈可

---

* 保罗·施文内森（Paul Schwennesen），农业自由项目（Agrarian Freedom Project）主任，还是南亚利桑那州的农场主。

击（因为在美国其他形式的食品安全体系不可能存在），但如果我们回顾一下美国的食品监管体系及其经济激励政策，我们会发现能做得更好的理由。

一、背景

在美国，负责食品安全问题的联邦机构不下 15 个，各级政府中还有成千上万条独立的程序要遵守。从最广泛角度来看，食品安全是两个联邦部门的职责，一个是美国农业部（负责肉类和家禽）和食品及药品管理局（监管罐头及农产品，还有药品）。食品及药品管理局肩负着主要监管责任——覆盖了美国食品供应的 85%——每年耗费成本近 10 亿美元。美国农业部［尤其是食品安全监督服务局（Food Safety Inspection Service）］担负的责任相对有限，每年监管肉类供应开支 12 亿美元。

联邦食品安全监管制度，存在很长时间了。最重要的法令当属《纯净食品与药品法》（Pure Food and Drug Act）和 1906 年《联邦肉类检验法》（Federal Meat Inspection Act），第一部授予联邦食品检查权的法律是 1891 年通过。在人们的记忆里，食品安全问题一直是官僚体制管理的问题。

此后几十年里，食品安全管理官僚体制迅速扩张，一直持续至今。食品及药品管理局宣布，要积极落实两年前通过的《食品安全现代化法案》（Food Safety Modernization Act）中的一些新政策。这是过去近一个世纪中食品安全监管体系中最大的调整，法令将强化原先过于宽松的食品检查体系。除获得 14 亿美元财政拨款及 5 000 个新岗位之外，食品及药品管理局还计划推行一系列结构性行业变革——超过 50 部监管法律——旨在"建立风险标准"来提升公众健康水平。对于上述努力，谁还能抱怨些什么？

二、行业兼并

当然，一种观点认为新政将会推动食品行业的整合兼并，踩蹦那些可能成为创新源泉的小型食品供应商，并推动"规制俘获"的出现——行业对政府监管部门的渗透掌控。毕竟，这些以前便发生了。

20世纪初，美国第一部食品法规问世时，小型肉联厂曾欢呼雀跃（并努力推动该法规通过），因为这些小型肉联厂相信联邦政府监管措施，将打破大型肉联厂 Swift、Armour 和 Morris 合建的"牛肉托拉斯"国家包装公司（National Packing Company）的行业垄断。小型肉联厂的情绪是可以理解的，19世纪60年代中期，芝加哥肉联厂处理市面上29％的肉品，但到了1883年，随着冷冻技术的发明，其市场份额增长到40％。对于以前占据市场主要份额的小型肉联厂来说，趋势不容乐观。用结构性监管变化来对抗结构经济变化的想法，最终证明很难抵挡。

小型肉联厂的成功游说促成联邦政府的监管［1891年的《肉类检验法》（Meat Inspection Act）和1890年的《谢尔曼反垄断法》（Sherman Antitrust Act）］，但是他们持续丧失市场份额。这个行业最初被定为"可以容易进入的竞争性"的行业，"每个社区都有大量公司"，逐渐被联合大企业主导。到1904年时，芝加哥四大肉联厂已经占据市场份额50％。新政出台非但没有将肉类行业重新民主化，"牛肉联合大企业"却变得越来越大。

这也难怪大肉联商 J. 奥格登·阿默（J. Ogden Armour）会对政府的食品安全法规立刻表示赞同；毕竟，政府似乎不断提高他的底线。他对国内加工商强制肉类检验的要求表示极大的欢迎，1906年并向《纽约时报》表示："这个国家里，没有人会像我们这样支持法案通过。正如我们一开始说的那样，我们一直坚信严格的肉类检验工作。"在厄普顿·辛克莱（Upton Sinclair）《丛林》（The Jungle）一书描写的那个时代，"严格的检验"给他的公司带来了便利的营销利器，同时激烈的竞争也给市场进入设置了高企的门槛。

算是一种历史覆辙的重蹈，2013年1月《纽约时报》刊文报道"食品业对食品及药品管理局新政表示谨慎欢迎"。报道援引美国食品杂货制造商协会（Grocery Manufacturers Association）的对外表态："消费者希望行业和政府紧密合作，为美国及全球

的消费者提供最安全的产品。"

　　时至今日，行业整合依然进行着。1970年，牛肉公司前五强控制着整个市场份额的四分之一。今天前四强控制了80％的市场份额——尽管当下各种"本土膳食主义"就餐风气大行其道。导致这种行业整合的原因多种多样，包括消费者价格意识、规模经济以及行业内复杂的横向结合。但是不可忽视的是，这一时期的监管立法工作也在不断增加。这些成本最终转嫁到肉联厂，但是，上述成本多是固定成本，意味着小厂商的负担更重。繁重的文书工作、昂贵的测试、不断升级的生产流程，以及风险带来的进入壁垒，都使得小厂商苦不堪言，并阻挠潜在厂商入市。因此，小型肉联厂随着小型家庭农场一同快速消失，根据美国农业部估计，1996年至2003年期间牲畜屠宰场的数量减少了42％，同时"随着屠宰场的规模不断扩张，小型屠宰场不断关张"。

　　监管力度和食品行业的竞争性之间存在强烈的逆相关关系。随着相关法令日趋繁多，行业集中化趋势不断增加。

三、又能怎样？

　　可能会有人这样认为，小型肉联厂的消失（推而广之，支持这些小型肉联厂的小型农场和畜牧场的消失）是令人惋惜的，但那是提高整个国家食品供应安全水平的必要成本。但是，我认为这种行业整合（由严苛的监管压力造成的）实际上将对食品安全水平造成不良影响。

　　食品十分重要同时也很普遍，任何违反规程的误操作都会带来潜在的灾难性后果，所以食品相关的疾病都归因于低风险高回报的狡诈心态，使人往往感情用事。因此，我们时刻警惕任何减轻或转移食品监管的提案，笃信类似的变化只能带来毁灭性的后果。更好的是，我们相信，食品安全问题是政府检查部门及立法官僚的责任。但是，支撑这种心态的证据却显得十分虚弱，我们不禁要问，在必须争取公众信任的食品供货商之间的竞争中，我们将获得什么？

事实上，市面上还有不少消费品具备让我们十分不方便甚至危及生命的能力，但是它们的安全问题却很大程度是由民事责任支撑的市场机制来保障的。电脑病毒可以像肠胃病毒那样影响工人的生产效率，但是我们发现电脑公司每天都能生产出来"干净的"产品，并没有像食品行业那样靠政府批准的标准或由检查部门强制执行出来。

目前，全球大约有上百万家公司按照如"ISO9000"或"六西格玛"这样的工业质量提升标准来经营管理。那些工具和标准，具有自发和非政府的特点，是公司执行重要商业法则的有效方式：不伤害消费者。尽管这与传统观点大相径庭，但是商业的确如此"行动"，因为企业希望保持竞争力，而不是因为企业感受到遵守规矩的责任。流程方面不断改进、产品可靠性不断提高以及顶级的安全性，是公司保持竞争力的关键因素；企业不断追求完美将提升客户的忠诚度，最终将转变成市场份额。例如，令人称奇的是，质量管控的"六西格玛"标准要求 99.999 66％的无错率（相当于每百万个中允许 3.4 个出错）。食品体系离这个完美的标准距离差得很远。

当前没有什么事物会阻挠食品厂商在食品安全方面相互竞争，一些人可能有理由对此表示反对意见。政府监管推行的是一种最低安全水平，而非最高。不妨借鉴一下其他行业的历史，沃尔沃靠着卓越的安全性树立声誉，并赢得市场份额。但是食品行业却遭受着某种道德危机，使得个体厂商很难在安全性方面相互竞争。鉴于整个行业处于高度监管状态下，安全问题的最终责任由监管者而非生产厂家负担。与电脑公司的市场份额完全靠质量声誉的情况相比，食品公司只能靠着政府资助的评级活动，因为消费者觉得被政府认可的公司在安全方面是一样的。政府对监管的强调有效地消除了差异化间的优势，造就出"扎堆的"商品，很难通过安全或质量相互竞争。于是，政府的食品安全监管一方面给入市带来高门槛，另一方面拉低了那些试图在安全性方面突出差异的市场内公司的利润率。

四、不妨试一试我的理论

设想一下，在一个相对缺乏监管的环境里，食品安全问题可以成为一种竞争优势。食品界的沃尔沃，为了"超级安全"信誉而不断奋斗，将会得到有利可图的竞争优势。小公司（通过第三方质量认证、复杂的监测体系或者其他目前尚未见识到的方法）证明，自己产品的可衡量的安全性比竞争对手要好。

这方面竞争实际上已经在一定范围内开始了，公众对"工业化"食品的担忧越来越多，为靠着卓越安全性打造顾客忠诚度的小型本地化食品公司打开了发展的窗口。但正如西部公共土地和狩猎方面的讨论一样（例如，由于"免费"进出权的大量存在，私人土地所有者不可能收取足够的私人土地进出费），上述努力因巨型政府操控的生产系统而备受阻挠。这个领域的竞争者只能默默记录下消费者不满意的抱怨声，而不敢像竞争市场那样公开自己的观点。

如果我们能找到正确的激励方法，厂商的自利行为也会不断用到产生更大公众福利上来。如果食品安全是重要的竞争优势，公司将会不断改进，力争更高级别，或是"正式认可"，或是"四钻"评级。在当前的管理体制下，生产厂商只能拿到"检验合格"章，公司缺乏力争完美的动力。

随着农业部的新政的实施，进行此方面尝试的时机日臻成熟。我建议推行试验项目，小型食品公司可以选择继续接受当前体系管理，也可选择"非政府监管"而由自己监管。对于选择后者的公司，必须赢得消费者的信任，而消费者也将决定哪家公司做得更好。这套系统将激发市场管理食品安全问题的潜在能力，而非依靠政府强制施行的笨拙管理手段。

与大众神话相反，市场擅长提供我们所需的东西。我认为，在监管相对较少的环境里食品安全的状况将很快好于监管环境下的情况，这点如同创新和竞争一样——前提是给予机会。

监管长于设定底限，但不利于创造卓越。既然我们的食品安全"问题"处在消失的边缘，市场需要卓越表现。只有当促使我们的厂商（还有消费者）优化业绩的激励因素出现，才能真正达到上述要求。

扩展阅读

Gary D. Libecap，1992，"The Rise of the Chicago Packers and the Origin of Meat Inspection and Antitrust"，*Economic Inquiry*，Vol. 30，No. 2.

超越意识形态

彼德·范·多伦[*]

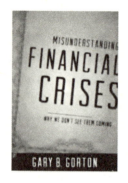

Misunderstanding Financial Crises：Why We Don't See Them Coming
By Gary B. Gorton
278 pages；Oxford University Press，2012

究竟是什么原因导致 2007—2008 年的金融危机爆发？政治左翼和右翼对此提供了很多解释。他们提到的"被告"包括：

- 《社区再投资法》（Community Reinvestment Act）施加的可负担住房要求，以及（或者）针对政府创立的住房融资巨头房利美（Fannie Mae）和房地美（Freddie Mac）的类似要求，导致金融机构为信用不佳的借款人提供贷款。
- 法律变化让各种资产回购协议免受破产公司所有资产遭受的正常冻结，从而给人留下一种印象：回购协议是低风

* 彼德·范·多伦（Peter Van Doren），《规制研究》杂志编辑，加图研究所高级研究员。

险的。

- 金融机构投资组合的过度杠杆化，使得它们举债，然后放贷，并投资于住宅金融。
- 商业银行业务和投资银行业务之间的间隔被打破。
- "掠夺性贷款"欺骗购房者办理昂贵和高风险的抵押贷款。
- "贷款并证券化"抵押贷款模式，掩盖了相关贷款的质量。
- "奇异的"非分期抵押贷款，也欺骗了购房者。
- 设计糟糕的薪酬安排，激励金融高管冒险。

有无数的论文和书籍在支持和反驳这些假设，我已经在本杂志的"工作论文"（Working Papers）专栏对这些论文和书籍进行了大量评述（见 2011 年夏季期、2012 年夏天期、2012 年秋季期和 2013 年春季期）。

耶鲁大学管理和金融教授加里·戈顿（Gary Gorton）表示，我们应该忽略所有这些喋喋不休，因为它们都漏掉了基本要点。他在其新著《误解金融危机》（*Misunderstanding Financial Crises*）中解释称："金融危机的爆发原因是交易媒介，即金融机构私人创造的债务的脆弱性。"所谓"交易媒介"，指的是经常作为事实上的金钱来回交易的债务。它们是由金融机构为促成交易而创造的，但这些机构无法创造无风险债务。在戈顿看来，金融危机的历史就是私人机构不断尝试着创造交易媒介的历史，创造交易媒介其实就是创造私人货币，这些媒介以面值交易，即使支撑它的贷款的价值具有不确定性。

一、私人货币的创造史

最初，银行无法创造按面值交易的交易媒介。在自由银行时代（Free Banking Era，1837 年至 1863 年），用以交易的银行票据是由大约 1 500 个不同银行发行的。银行投资国家债务，试图为这些票据创造无风险的抵押品，但银行票据并非按照面值交易的。比如，一张由纽黑文某家银行发行的 10 美元钞票，在纽约市仅值 9.90 美元。戈顿写道："今天，我们理所当然地认为，当我们掏出一张 10 美元钞票付款的时候，它就将以 10 美元的价值被交易方接受。私人钞票试图做到这一点，但失败了。"

1863 年和 1864 年的《国家银行法》（The National Bank Acts）对私人银行钞票课以重税，使其无法存在下去，同时以美国国债作为国家纸币的抵押品。《国家银行法》的颁布旨在资助南北战争，而不是创造一个高效的交换媒介，但同时代的人认为（戈顿援引当时的出版物），货币需要安全的抵押品支撑。在戈顿看来，只有政府才能够提供无风险的抵押品。

但在国家纸币发行后，金融创新仍然创造出容易引发恐慌的私人货币：支票和活期存款。人们担心，在经济衰退期间，支票将以折让价交易。因此，每逢经济萎缩之际，他们总是要求提取现金，由此引发银行挤兑浪潮，大大危及银行的偿付能力。

直至州和联邦政府先后创造出存款保险制度，这一幕才宣告终结。美国最高法院于 1911 年发现，俄克拉何马州的强制性存款保险制度和相关费用符合宪法，并判定，这套体系的目的是为了让支票以面值交易。戈顿写道："美国联邦存款保险制度的问世（1933 年至 1934 年）预示着平静期（Quiet Period）的开始，在这个漫长的时期，有效的监管消除了系统性金融危机的威胁。"

戈顿认为，在市场经济体中，金融危机是很正常的事情。唯有在平静期（1934 年至 2007 年），公众、政治家和经济学家才开始逐渐相信，平静是正常的。平静期持续了很长一段时间，关于金融恐慌的记忆逐渐消失，危机被视为过去的事情。由于现代宏观经济学在平静期的发展，几乎所有的经济学家都倾向于忽视高效的金融中介在决定经济成果方面发挥的关键作用，并逐渐相信，金融危机是过去的事情。于是，当 2007—2008 年的金融恐慌发生时，专业的经济学家不知道如何理解正在发生的事情。

平静期因何结束？戈顿认为，平静期是存款保险制度、利率管制，以及对商业支票账户缺乏兴趣相结合的产物，这些因素减少了竞争，为拥有牌照的银行创造了经济租金。银行没有创新，是因为它们正在从现状中赚取经济租金，而且免受通常会削弱租金的竞争压力。

然而，在正式的银行体系之外，创新的确发生了。这些进展增加了支付给储户的利息，并减少了向借款人收取的利率。货币市场基金与传统银行在负债方竞争；在资产方，垃圾债券、商业票据，以及后来的证券化贷款取代了银行贷款。借款人绕过银行，直接与投资者交易。

这种竞争最终导致成本提高、存款下降，并侵蚀了银行的牌照租金。1979 年，利息费用低于十年期国债利率 5.48 个百分点。到 1986 年，同一指标仅比十年期国债利率低 1.32 个百分点。由于非银行竞争者的压力，银行不得不支付更多的存款利息，20 世纪 80 年代储贷危机期间实施的放松管制政策允许它们这样做。

银行不仅面临更激烈的竞争，公司也有更多的资金进行投资。从 1980 年到 2006 年，现金在公司资产的占比翻了一番多，从 10.5％增至 23.2％。在传统银行开设的商业支票账户不支付利息。自 20 世纪 80 年代初期以来，公司财务主管逐渐将所有这些现金投资于资产支持的证券、回购协议和货币市场基金，以获得利息收入。这种"影子"银行体系以被认为具有安全性和流动性的资产作为抵押品。但这些金融工具并未投保。因此，当投资者对于以面值交易金融工具的智慧变得不确定时，恐慌极易发生。受惊的投资者或将纷纷要求赎回这些工具，导致投资银行和其他金融机构无力偿债。从本质上讲，影子银行体系就像传统银行体系曾经的情形一样，容易遭受银行挤兑浪潮的冲击。

二、2007—2008 年的金融恐慌

住房价格和次级抵押贷款违约率的恶化自身并不足以造成一场系统性危机。耶鲁大学的朴宣英（Sunyoung Park）于 2011 年撰写的博士论文，审视了 2004 年至 2007 年发行的价值 1.9 万亿美元的 AAA 级次级债券。截至 2011 年 2 月份，实际的本金损失只有 17 个基点（0.17％）。国会为探讨金融危机成因而创建的金融危机调查委员会（The Financial Crisis Inquiry Commission）指出，只有 4％的次级抵押贷款和 10％的"准优级"抵押贷款（意指给予具有良好信用评分的借款人的抵押贷款，但相较于传统的标准型或"高额"贷款，它涉及更积极的承保）"严重受损"。这意味着，到 2009 年，损失即将来临或已经发生了。所

以，震荡自身并不是很大。那么，金融危机是怎么发生的呢？

戈顿认为，在其高峰期，资产支持的证券回购市场拥有高达10万亿美元的资产，其规模与传统商业银行业大体一致。通常情况下，"存储"在一份回购协议的1亿美元，将由抵押贷款、汽车贷款和学生贷款或信用卡应收账款支持的价值1亿美元的债券作为抵押品。2007年8月，当回购协议没有承保这一性质时，投资者突然感到紧张，他们要求抵押品的面值高于其存储金额。这些所谓的"抵押品折扣"增加了对抵押贷款相关资产的要求，但它们也增加了对汽车贷款、学生贷款和信用卡应收账款的要求，后者并没有处于这场危机核心的可疑抵押贷款工具的特征。

当投资者要求这样的"抵押品折扣"时，金融机构被迫出售资产（证券化贷款包）。同时销售同类资产导致资产价格相对于面值大幅度打折。戈顿写道，至2009年9月，回购交易已经较雷曼兄弟公司破产前的水平下降了50％。挤兑回购协议的浪潮也蔓延至商业票据和大宗经纪业务市场。这是"经济的中枢神经系统（即金融公司）遭遇的一场崩溃"。私人在存款保险制度外创造的债务没有按照面值交易。

三、金融恐慌的共同特征

近两个世纪以来的金融恐慌有什么共同点呢？戈顿认为，在金融危机中，储户寻求将有风险的货币（银行存款）脱手，获得安全的，仍然能够按照面值交付使用的货币（现金）。从19世纪40年代的私人银行钞票，到19世纪70年代的支票账户，再到21世纪的隔夜资产回购协议，这些特定形式的银行债务随着时间的推移而演变。对于现金的要求如此之大，银行根本无力满足。

戈顿认为，在危机期间，金融机构只有三个选项：

- 暂停存款兑换成现金的契约权利。
- 出售资产筹集现金，以满足储户的要求（但金融机构同时出售类似资产所能筹集的现金将远低于其面值，其结果是银行体系的破产清算）。
- 接受政府的支持，或由央行购买资产。

从历史上看，在存款保险制度启动前，金融危机一直是通过暂停正常的银行存款提取规则来处理的。暂停规则的做法一直让那些关心法治的人士忧心忡忡。1837 年，约翰·昆西·亚当斯（John Quincy Adams）就暂停兑换一事发表评论称："我们现在被告知，美国所有银行已经暂停铸币支付，暂停铸币支付难道不是在蔑视物权法吗？"亚当斯质问道，这种暂停是否是欺诈行为？银行难道不应该因此而失去牌照吗？

1837 年，纽约州议会将暂停一年铸币支付合法化（终止用纸币交换黄金的权利）。1846 年，纽约颁布了一项宪法修正案，禁止立法机关重复这项政策。但在 1857 年的金融恐慌期间，兑换权利再次被中止。1857 年，纽约最高法院在 Livingston v. Bank of New York 一案中裁定，在危机期间暂停兑换不会触发清算，尽管该州的宪法修正案旨在防止这种"时间不一致"（time-inconsistent)行为。1896 年，耶鲁大学教授威廉·格雷厄姆·萨姆纳（William Graham Sumner）声称，Livingston v. Bank of New York 的裁决无异于一场政变，但他认为，相较于银行体系的清算，法律的"时间不一致"行为或许是一个更好的选择。

2007—2008 年，相同的逻辑难题再次出现。美联储主席伯南克援引《联邦储备法》（Federal Reserve Act）条例，向并非银行的金融机构提供信贷额度，为商业票据和资产支持的证券市场提供资金支持。一如 170 年前的约翰·昆西·亚当斯，批评者声称这种做法违反法律。

在缺乏存款保险制度的情况下，紧急救助和中止契约是在金融危机期间防止银行体系遭到清算的唯一选择。在当前的危机中，联邦当局选择的是紧急救助，而不是中止契约，但公众和伯南克本人的反应，与约翰·昆西·亚当斯当年对中止契约的反应是相似的。2009 年 3 月 15 日，伯南克在接受《60 分钟》（60 Mi-nutes）采访时表示："在谈论美国保险集团（AIG）的问题时，我猛摔了好几次电话。我理解美国人民愤怒的原因。动用纳税人资金去支撑一家下了这些可怕赌注的公司（这些动作是在监管当局的视线之外进行的），是绝对不公平的。但我们别无选择，只能先稳定住市场，否则就有可能产生严重后果，不仅将危及金融体系，还将危及美国经济。"紧急救助和中止契约似乎都违背了法治，以及公众对市场运作方式的一般感知。

四、狭义银行、自由银行或存款保险制度？

不同于戈顿的是，其他作者在分析金融危机时，主要专注于私人货币崩溃的细节，并建议对这些细节进行改变：消除住房负担能力目标；增加资本金要求；推动购房者办理传统的，而不是奇异的抵押贷款工具；重新分离商业银行业务和投资银行业务——即采用"沃尔克规则"（Volcker Rule）；改变回购协议的破产状态等等。戈顿声称，私人部门在债务契约方面的创新，是随着世人对以往金融危机记忆的褪色而自发产生的。所以说，打击私人债务最后一波创新潮类似于将军们打最后一仗。就其本质而言，私人创造的债务容易受到经济和信息冲击，因为它不可能是无风险的。2010年颁布的《多德—弗兰克法案》（Dodd-Frank Act）所做的变化，以及学术界的建议（除了改变回购协议的破产状态），都未能解决戈顿眼中的根本问题：私人创造债务固有的不稳定性。那么，什么样的制度改变才能解决这个问题呢？

（一）狭义银行

一些秉持自由放任主义的分析家认同戈顿对私人创造债务固有的不稳定性的描述。他们的结论是，银行业的成本超过其收益，并建议禁止传统的银行业务（私人创造按面值交易的债务），并代之以"狭义银行"：支付系统受到真正无风险投资品（现金和国债）的充分支持。狭义银行试图仔细划分支付系统的交易媒介（支票账户、储蓄存折和其他类似回购协议的活期存款）和所有其他有风险投资品之间的差异。

狭义银行的一个重要问题是，戈顿所描述的政府政策的时间不一致性。完全受安全抵押品支持的交易媒介与有风险投资品之间的界限划分，似乎易于变化。房利美和房地美在法律上并不受政府的支持，它们的负债并不受存款保险制度的保护，货币市场基金和隔夜回购协议亦是如此。但当金融系统受到严重压力时，政府改变了政策，对这种负债给予支持。同样，如果未来的压力再次冲击有风险的、由私人创造的交易媒介而把更广泛的经济置于危险之中，白宫和国会势必将再次伸出救援之手。这就是戈顿所描述的金融危机的悖论：时间不一致行为的必要性。

狭义银行的第二个问题是，它要求从法律上抑制大多数人现在所说的银行业：在这一金融中介中，短期存款通过私人创造的债务支持长期投资。正如戈顿叙述的历史所示，银行自然而然地产生于一个自由社会，狭义银行制度要求使用国家的力量来抑制活期存款转化为投资。

（二）自由银行

自由放任主义者的另一个建议是，回归"自由银行"。不同于狭义银行，自由银行允许应用部分准备金制度。但不同于戈顿所描述的南北战争前的自由银行——在那段时期，银行大体上被禁止开设分支——开设分行也是允许的。这将加强银行的实力：私人钞票在南北战争前出现的一些（或许很多）贴现，是这些银行的贷款组合（而不是作为抵押品的国家债务）的地理位置单一性引发的后果。

除了地域多元化，真正的自由银行将把兑换中止条款作为其初始储蓄合约的组成部分，根据乔治·塞尔津（George Selgin）的描述，这是 18 世纪苏格兰自由银行的一个特征。这样一来，中止货币兑换就不会违反法律。问题是，在一个货币兑换有可能中止的世界中，储户肯定具有在银行宣布中止兑换之前提取储蓄的动机。鉴于银行实施的是部分准备金制度，相较于等待的储户，越早动手的储户更有可能成功地提取储蓄，从而使银行面临挤兑风险。所以，金融危机博弈论的基本逻辑并没有改变，即使合约中止取代了戈顿所描述的时间不一致矛盾。

塞尔津以积极的笔触描述了票据贴现在预防金融机构遭受"随机"挤兑浪潮方面可以发挥的作用。也就是说，如果一家银行的贷款组合被认为受困于市场，这家银行所发行票据在交易时的贴现率将大于那些没有这类贷款组合的银行。但在戈顿看来，私人创造的交易媒介一旦开始以低于面值的价格交易，其贴现率将是动荡的，而不是不变的，它们也就再也无法有效发挥交易媒介的功能。如果人们必须付出能量和精力以确定这些银行票据相对于其面值的价格，那么使用私人创造货币（其相对于面值的贴现率随时间不断变化）与使用作为交易媒介的股票和债券就没什么区别。这种交易媒介将是有效的，但充满了交易成本。

（三）存款保险

戈顿青睐的应对之策，将把存款保险制度目前的安全网延伸至所有活期存款，并接受美联储监管。他也将限制回购协议成为破产"自动冻结"规则的例外，这项规则中止了大多数债权人回收债务的努力。限制回购协议成为例外，将减少受困金融机构的资产遭受挤兑风险（我此前声称，戈顿对最近这场金融危机的细节不感兴趣，这算是一个例外）。这项提议将把影子银行体系纳入接受监管的体系之中，从而将存款保险制度延伸至投资于资产支持证券的特殊银行。通过购买这些特殊回购银行的债务，货币市场基金将被间接涵盖。在经批准渠道之外达成的回购协议所享有的破产特权（回购协议不受破产自动冻结规定的约束）也将被消除。戈顿认为，所有在经批准渠道之外达成的回购协议将由此消失。

但是，就连戈顿自己也承认，其所做的历史探究的逻辑表明，任何特定的解决方案是不可能有的：

> 设计一个可以解决银行债务漏洞并促进经济增长的银行监管环境，在原则上是可能的。但由于金融危机的悖论，它在实践中或许是不可能的。这表明，任何一个政策（比如存款保险制度）将永远地解决危机问题的想法，是幼稚的。

戈顿提议的解决方案的第二个主要成分，涉及中央银行的自由裁量权：

> 由于金融危机的悖论，中央银行必须独立，这样他们才能采取不受欢迎的行动以防止银行系统遭受清算。在非危机时期，大多数经济学家认为，央行应该一心一意地根据规则

（而不是自由裁量权）对抗通货膨胀。但危机时期则是相反的。

沃尔特·白芝浩（Walter Bagehot）的经典原则提供了一些指导：在危机期间，中央银行应该向有偿付能力的金融机构自由放债，在收取高利率的同时要求后者提供良好的抵押品。但戈顿写道："很难看到这些问题的答案如何能够被预先确立为规则。如果能的话，下一场危机爆发时，这些规则就不可能被遵循。"

所以说，如果金融机构知道华盛顿随时准备提供救助资金，那么如何阻止它们甘愿冒高出适当尺度的风险呢？戈顿认为，这种担忧并没有成为最近这场金融危机的一部分：

> 至少在危机之初，挤兑现象并没有受到对政府危机反应的预期的影响。很难理解源自政府监管的"大而不倒"和跟道德风险相关的激励政策，如何影响自营商银行（dealer bank）。政府不知道影子银行体系的存在。此外，根据自营商银行的 CEO 在金融危机调查委员会作证时的证词，甚至自营商银行是否知道金融体系的这些变化也要打个问号。

勒内·斯塔茨（Rene Stulz）及其同事为戈顿的观点提供了实证支持。他们试图确定，为什么在金融危机前，各家银行对高等级证券化资产的持有比重竟然有如此大差异。中位数是 0.2%，平均数是 1.4%。花旗银行（Citibank）的金额最大，持有比重为 10.7%。观察家普遍认为，投资于这些资产是一种过度冒险的举动。斯塔茨等人反驳了以坏结果作为确凿证据的逻辑："事后的不良后果并不是风险管理失败的证据。从逻辑上讲，并不能从高等级证券化资产表现不佳这一事实得出风险管理失败的结论。"相反，斯塔茨及其同事研究的是，金融危机前风险管理实践的差别是否跟由于其他银行的特征而控制的高等级证券化资产有关。使用一个衡量风险管理相对于银行的中心地位及其独立性的指数，斯塔茨没有发现它们与高等级证券化资产的持有比重之间的关系。

也有人认为"大而不倒"有助于解释为什么大型银行持有这

些资产。大型银行（资产规模超过 500 亿美元）的持有金额的确多于小银行，但大银行（截至 2012 年底，36 家银行的资产规模超过 300 亿美元）对高等级证券化资产的持有比重并没有随着银行规模的增加而增长。

尽管戈顿所持有的关于金融危机悖论创造的道德风险并未成为当前这场危机的一部分这一观点或许是正确的，但它或许将影响未来的行为。实证证据表明，最近这场危机开始后，大型金融机构支付更低的存款利率，因为市场认为它们将"大而不倒"。据《纽约时报》（New York Times）报道，在危机前的 2006 年最后一个季度，所有大小类别的银行支付 3.6% 至 3.65% 的存款利率——一个非常狭窄的利率幅度。相比之下，在 2009 年第四季度，资产超过 1 000 亿美元的金融机构所支付的平均存款年利率为 0.77%，而资产规模低于 100 亿美元的金融机构所支付的平均存款年利率为 1.73%。美国国内储蓄总额为 7.7 万亿美元，十家最大银行持有其中的 3.2 万亿美元。运用存款利率差可计算出，由于其规模庞大，这十家银行每年似乎要节省 300 亿美元。

五、结论

因此，银行让自由放任主义者陷入一个两难境地。在投资长期贷款组合的同时，银行能够实现的资产转换（提供按照面值交易的流动交易媒介），将促进经济增长。但正是这些特征，周期性地导致系统性事件，随后不得不使用合约中止或紧急救助等方式来防止金融体系遭受清算。存款保险制度和平静期诱使我们所有人相信，系统性事件只是有趣的历史故事。但我们错得太离谱了！

与其他学者不同，戈顿认为金融危机没有解决之道，只能对目前的存款保险制度做一些补充修订，但在未来，这些修正也将以我们现在无法预测的方式宣告失败，最终还是需要作为最后贷款人的美联储来收拾残局。尽管自由放任主义者预计将对戈顿这本书作出负面反应，但他的分析和观点值得我们认真考虑。

延伸阅读

Federal Reserve Bank of Richmond, 2009, "An Interview with George Selgin", *Region Focus*, Winter.

Rob Cox and Lauren Silva Laughlin, 2010, "Another Advantage for the Biggest Banks", *New York Times*, March 29.

Amar Bhidé, 2009, "In Praise of More Primitive Finance", *The Economists' Voice*, Vol. 6, No. 3.

Christophe Chamley and Laurence J. Kotlikoff, 2009, "Limited Purpose Banking—Putting an End to Financial Crises", *Financial Times*, January 27.

Oz Shy and Rune Stenbacka, 2008, "Rethinking the Roles of Banks: A Call for Narrow Banking", *The Economists' Voice*, Vol. 5.

Eril Isil, Taylor Nadauld, and Rene Stulz, 2012, "Why Did Holdings of Highly Rated Securitization Tranches Differ So Much Across Banks?" SSRN ♯2186174.

行动！

大卫·R. 亨德森 *

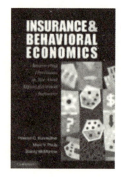

Insurance and Behavioral Economics：
Improving Decisions in the Most Misunderstood Industry

By Howard C. Kunreuther，Mark V. Paul
and Stacey McMorrow

329 pages；Cambridge University Press，2013

一个朋友最近告诉我他的岳母在审视她和她的丈夫所做的经济决策，确定好的决策和坏的决策。在她看来，他们所做的最糟糕的决策是哪些呢？"我们买了太多的保险了！"她说道。

现在，购买太多保险是确有可能的。如果你在百思买买一件40美元的商品，并支付3美元为它投保，你很有可能买了太多保险。但是这不是我朋友的岳母的意思。相反，她是谈论他们对物业险和寿险的投入，而他们从未领取相关保险金。这对于她来说，意味着他们过度保险了。

在《保险和行为经济学》一书中，沃顿商学院经济学教授霍

---

* 大卫·R. 亨德森（David R. Henderson），胡佛研究所研究员，加利福尼亚州蒙特雷市海军研究生院商业和公共政策研究院经济学副教授。《简明经济学百科全书》（*The Concise Encyclopedia of Economics*，Liberty Fund，2008）编辑。

华德·昆鲁斯（Howard Kunreuther）和马克·保利（Mark Pauly），以及城市研究所（Urban Institute）研究员斯泰西·麦克莫罗（Stacey McMorrow）讲述了类似的故事——这并不是随手拈来的逸闻，而是来源于市场行为——这些故事表明，我朋友岳母的感受可谓无独有偶。这些学者亦展现了当保险购买者试图最大化其效用，而出售方试图最大化其利润时，保险市场应当如何发挥作用。他们注意到，在许多案例中，保险市场运转良好。在书中最为精彩的章节中，他们反对医疗保险市场中盛行的逆向选择这一概念；这一错误理念看似为许多支持患者保护和平价医疗法案（更广为人知的名称是奥巴马医改）的医疗保险经济学家提供基础。但是他们也发现了异常。在购买者这一边，他们发现了系统性的过度保险和保险不足。在出售者这一边，他们发现了营利保险公司未能利润最大化。他们将许多问题归因于人们在思考时犯的系统性错误，这些错误被所谓的"行为经济学家"进行细分。除此之外，在许多案例中，保险监管者们——主要是州层面——也成为问题所在；但是联邦层面的监管者也日益产生问题，尤其是在奥巴马医改中。

我急于补充的是，作者们对于自由市场的支持并不像我一样强烈。但是他们是敏锐的、博学的经济学家，并且是保险市场的专家。因此，尽管在某一程度上我对于他们的许多讨论缺乏明确底线表示失望，但他们的这一著作满载了经济学智慧的宝藏。

一、逆向选择问题

首先，考虑医疗保险中的逆向选择问题。经济学家们的一个标准论辩是，当保险公司对于其承保人群的健康状况的知晓情况并不如后者多时，保险公司将对于未能反映的风险收取保费。这有什么问题吗？这一信息不对称意味着高风险人群的保费过低，而低风险人群的保费过高，其结果是，高风险人群过度保险，而许多低风险人群退出市场，或者从未进入市场。

但是昆鲁斯，保利和麦克莫罗表明，当保险监管者自身并不导致逆向选择时，后者倾向于并不发生。他们写道：

> 逆向选择确实潜在发生且程度严重地存在于市场中，在那里，监管者阻止保险提供方考虑他们当然可以考虑的风险信息。这一"人造的"或者"非根本性"逆向选择似乎是医疗保险和财产保险市场的最显著特征。在这些市场，"风险分级"被法律禁止（如在美国的一些州，以及所有团体医疗保险），或者监管者出于政治原因抑制针对高风险的保费（如佛罗里达州的飓风保险）。

在一篇 1994 年的文章中，我将之称为"法律逆向选择"。与之相对照，他们写道："在允许进行风险分级的美国的个人医疗保险市场中，逆向选择**并不存在**。"

他们著作中的另一宝藏，则是他们对于医疗保险续期保证的讨论。消费者要求保单在反映购买者情况的价格基础上可续期，这合乎情理。这样，如果在保险的第一年发生了不幸——例如，患上了糖尿病——这个人的保费并不增长以简单反映其新情况。在消费者有要求的情况下，人们期待在一个运行良好的市场中，提供者会——在一定价格基础上——遵从。并且的确如此。作者们指出，个人医疗保险"许多年来便在附带续期保证保护的情况下出售，甚至于在法律要求以前便是如此"。

二、真实市场失效

尽管如此，作者注意到一些在购买者购买灾难险时的系统性异常。他们写道，在灾难后的短时期内，灾难险的需求增加。他们举出了 1989 年洛马—普雷塔地震（Loma Prieta）后加利福尼亚州人的例子，在地震前，受影响地区有 22.4％的业主购买地震险。4 年之后，36.6％的业主拥有该项保险。据作者称，地震学家说，由于地质断层的压力已得到释放，在一次大地震后，发生另一次严重地震的几率下降。因此，如果购买者是知晓的并且是理性的，那么在 1989 年地震后拥有地震险的业主的比例应当是**下降**而非升高。

与这一异常相关的，是许多洪水险的购买者在多年未遇洪涝之后，会取消他们的保险。作者们认为这有两种可能的原因：（1）业主们越久未经历洪涝，他们便估计洪水发生的可能性越低，或者（2）他们认为（就如我朋友的岳母那样），他们在未有洪水的年份里花在洪水险上的钱浪费了。

作者们也发现，有时人们过度保险。他们指出，在美国家庭人寿保险公司（American Family Life Assurance Company, AFLAC）的仅限癌症保单案例中，向癌症病人在其住院期间每日支付 300 美元。根据患癌的概率，作者们估计，作为每年收取至少 408 美元保费的回报，人们仅获得 77 美元的预期支付款。保险价格如此昂贵，我再也不会对这事心怀向往了。

保险公司本就应最大化其利润，那么你就会认为他们会基于概率和支付款的规模作出良性决策。在我读本书之前也当然是这么想的，这在许多或者大多数案例中都是成立的。但是令人吃惊的是异常情况，以及它们会有多么极端。附件 A 是 2001 年 9 月 11 日恐怖袭击之后之后恐怖主义保险的价格。例如，在该袭击之前，芝加哥 O'Hare 机场为价值 7.5 亿美元的恐怖主义险支付了不同寻常的每年 12.5 万美元的价格。但是在袭击之后，机场能获得的最优价格是，为价值 1.5 亿美元的保险范围每年支付 690 万美元的巨额保费。尽管支付保费中高于精算平衡保费的部分（Loading fee，交易成本以及广告、雇员和办公场所的成本等）是相对较大的保单的 50%，其暗示的一年内袭击的可能性是 1：43。谁会相信它会这么高呢？看起来，似乎保险出售方，就如保险购买者一样，可以产生恐慌和糟糕的想法。当然，如果 O'Hare 实际上购买了那个高额保险——作者和他们引用的信息来源均未说明机场是否实际上够买了该保险——保险公司就会挣上一大笔钱，因此，该交易并不一定反映作为出售方的公司一边的恐慌。但这是 O'Hare 机场能够获得的最合算的交易的事实，的确说明了与之竞争的保险公司陷入了恐慌。

三、去监管化原则

在一章题为"保险的设计原则"的章节中，作者列出了保险监管的三个原则。有趣的是，尽管他们从未说明，如果三项原则均被遵循，其结果是减少监管。所述原则为：

- 避免保费平均；
- 不授权不值其成本的保险收益；
- 检视其对于行为的挤出效应。

如果遵循第一项原则，将终结奥巴马医改的一个关键特征：它禁止保险公司为风险定价。那意味着，本质上，奥巴马医改禁止保险，并代之以将私人公司作为中介来筹措医疗成本社会化的资金。

如果遵循第二项原则，将意味着摆脱奥巴马医改对于医疗保险公司支付各式检查的要求——例如钼靶检查，柏氏抹片检查和前列腺 PSA 检查，法案要求保险公司不向受益人征收共同支付费用。作者未指出他们的原则所意味的这两项隐含结果。这令人失望，因为该书在奥巴马医改通过几乎三年后才出版。看起来似乎作者们在他们的工作可以发挥最大效用的地方决定收手。

第三项原则，"检视其对于行为的挤出效应"，并不是真正意义上的原则，但这是一个好的想法。作者引用了杰夫里·布郎（Jeffrey Brown），塔玛·科（Norma Coe）和埃米·芬克尔斯坦（Amy Finkelstein）2007 年的文章，表明医疗补助计划的长期承保范围挤出了该承保范围的私人购买。

四、建议

尽管在书中隐晦提到了令一些事物成为"可保险事件"的三个因素，但如果作者能够开门见山地明确提出这三个因素则更好。这三个因素是：

- 事件成本高；
- 事件发生的概率低；

• 拥有保险并不十分影响事件的概率。

如果他们能令这三个因素清楚明确，这不仅对读者，也对作者们确定保险异常大有裨益。例如，考虑一下乔治·W. 布什总统发起的医疗补助药物计划。作者们指出，医疗补助计划的网页"提供一个在线决策工具，在受益人输入她/他目前摄入药物的信息的前提下，告知受益者在每项医疗补助计划药品计划下，他们自己要支付多少金额"。我期待作者那时告知读者，这一搜集的确定性意味着药品救济并非保险。保险的实质，在我看来是为人们在小概率情况下使用的物品进行支付。但是作者甚至并没有提到这并非真正的保险。他们的阐述是准确的，但是它显示的是，医疗补助计划的药品救济很大程度上是药品的提前支付，伴随着大笔税收资金投入其中。

这或许反映了作者之一马克·保利在詹姆斯·布坎南（James Buchanan）的指导下取得了博士学位一事，书中的一节试图将保险规制放入一个"准宪法"框架内。但是这一尝试有时半心半意。比起对于保险监管者的任何顽固的宪法性限制的辩护来说，作者的辩护似乎更像是一个对于"良性政府"的辩护。

甚至是在读完整本书之后，我并不确定作者通过此书意欲达到什么目标。尽管如此，给人以清楚印象的是，保险监管改变激励和扭曲经济的方法。

偏见与公共抉择

乔治·利夫 [*]

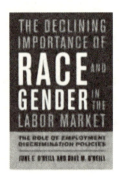

The Declining Importance of Race and Gender in the Labor Market：The Role of Employment Discrimination Policies
By June O'Neill and David M. O'Neill
294 pages；American Enterprise Institute，2012

自 1964 年的《民权法案》（Civil Rights Act）开始，联邦政府就承诺消除劳务市场的歧视。这承诺的初衷是劳动者不应因其自身无法改变的特征而遭到排斥。但随着时间的流逝，冒进的官僚在同样态度的利益团体的支持下改变了初衷，并将其使命扩张为实现劳务市场的完全公平。雇主开始担心他们会因自己做出的雇佣决定而在一些情况下招致联邦机构的抨击，尤其是当雇主的决策有可能对受保护群体产生差异性影响，或有可能造成雇员群体多元化缺乏时，此外雇主的招聘倾向也可能被官方认定为可能产生其他性质的不公平。

基于反歧视监管部门职责扩张的现状，你可能会认为当前劳

※ 乔治·利夫（George Leef），John W. Pope 高等教育政策中心研究主管。

务市场的歧视情况要较 1964 年严重，但是这本书告诉大家那并不是事实。琼和大卫·奥尼尔（June & David O'Neil，均任教于纽约市立大学巴鲁克学院），通过他们的深入研究证明了雇主对少数族裔和妇女的偏见不仅仅减少了，而且近乎消失。

作者谨慎的数据分析显示，不同群体在生产力和个体抉择上的差异可以解释他们平均收入的差距。而且作者还指出，早在政府干预之前，劳务市场中的歧视就已经迅速减少，而且事实上少数族裔所创收益的增长在联邦插手之后反而减缓了。因此看来，联邦政府规模庞大且代价高昂的反劳动市场歧视运动似乎是没有必要的。它使纳税人承担了沉重的税务负担，同时企业也不得不奉上资源来安抚政府官僚。然而改革运动仍然在继续，甚至还有愈演愈烈的趋势。对于观察公共抉择来说这是一个绝佳范例，官僚主义会竭尽所能地维持其已获得的存在空间，即使是对应的问题已经得到缓解甚至是已经消失。

一、前公民权利运动时期

奥尼尔夫妇以追溯相关历史作为开端，他们首先聚焦于美国内战之后黑人劳工的财产状况。显而易见，数十年间白人和黑人劳工的平均收入之间存在巨大的差距，但是从 20 世纪早期开始这个差距就在缩小，原因是越来越多的黑人从种族对抗严重的南方迁移到了迅速工业化的北方，在那里他们较少遭遇偏见并得到了更多更好的工作机会。此外黑人受教育水平的提升也是他们进步的重要因素。

第二次世界大战进一步地打破了种族隔阂，1960 年的种族收入差距要远小于 1940 年的水平。在 1940 年，全职男性黑人劳工的平均收入只有白人平均水平的 45％，但是 1960 年这个数据就提升到了 61％。对于女性黑人来说，这一提升更为显著，数字从 1940 年的 40.5％提升到了 1960 年的 66％。

另外一个重要数据就是过去黑人劳动力的高就业率。在 1940 年，25 到 54 岁之间黑人男性的就业率是 92％，而同时期白人男性的就业率是 95％。统计表明，尽管黑人劳工有时会因雇主的偏见而被拒之门外，但他们还是有机会找到对他们没有歧视的工作。黑人劳动力的就业率自 1940 年开始下滑，但这并不能归咎于增长的种族歧视。

这些数据强有力地显示出经济学家们观点的正确性，他们认为就业市场的歧视只是罕有现象。那些基于生产力之外的理由做出雇佣和升职决定的雇主，会自食其果而失去优秀人才。

二、1964 年《民权法案》

纵观 20 世纪，自由市场竞争已经抹除了奴隶制和黑人歧视的痕迹。即使没有政府的介入，黑人权利运动也在稳步发展。但是直到 1964 年，劳动力市场的歧视仍旧存在，并且很多人都认为这是一个全国性问题。在林登·约翰逊总统的推动下，国会通过了 1964 年《民权法案》。该法案的第七章认定就业歧视为非法，并新设立了就业机会均等委员会来执行这些条款。

但要注意这个法案并没有要求雇主们控制其来自不同群体职工的比例。事实上该法案十分仔细地行文禁止了"基于种族、肤色、性别或者籍贯而优待任何个体或群体"。该法案意在抨击已知的针对**个体**的歧视，而不是为**群体**谋求结果平等。那时该法案只针对那些少数仍旧坚持拒绝黑人和其他少数族裔劳工的雇主，而那些并没有歧视行为的雇主并不用为此担忧。

但该法案并没有维持原状很久。

在 1965 年，约翰逊签署了 11246 号行政命令，在那些拥有联邦政府合约的企业中强制推行极为繁复的雇佣体制。联邦合同合规办公室依其创建（现在的联邦合同合规程序办公室），该机构被授权确保那些持有联邦政府合同的企业遵守无歧视规则。那些希望继续得到联邦合同资质的公司不得不遵从联邦合同合规程序办公室的监管，以实现联邦官员所认为的"公平"。而它事实上的结果就是实行种族配额。

此外，国会也对《民权法案》进行过很多次修改，首先是在 1972 年，允许联邦就业机会均等委员会自行设定那些为了消除歧视而对雇主提出的要求。联邦就业机会均等委员会的官僚们不仅仅满足于对付那些势渐衰微的持种群偏见的雇主，他们将自己的职责扩张到了荒唐的程度，为了证实这点，作者也举出了很多例子。

三、负面影响

最后，法院也介入了进来。1971 年最高法院的 *Griggs v. Duke Power* 案成为了最初判例，从而将职业测试与相关标准置入了法律雷区之中，那些看起来公平的测试及标准也会因有负面影响或者是偏袒了少数群体而被认定违法。对于就业机会均等委员会来说，这一判例简直就是上天的恩赐。从此开始，很多案件的处理都基于这一判例。

奥尼尔夫妇用了很多篇幅来讲述联邦合同合规程序办公室和就业机会均等委员会的所作所为，很多雇主都会发现自己处于官僚主义的射程之内，但大众却认为这是合情合理的。况且其中的很多案例似乎也只是政府官僚期望自己看起来真的忙于工作。比如某家公司被拖上庭只是因为其在一段大约三个月的时间内几乎所有雇员都是白人，而诉方却忽视公司的长期雇佣数据，这显然是不正确的。最后，联邦合同合规程序办公室输掉了官司（令我们感到欣慰的是书中提到法官们经常驳回那些无事生非的起诉），但是这些官司造成的开销却是无法挽回的。

作者写道，当政府机构起诉企业的时候那些官僚会在公关形象上获益，在新闻中，他们会被描绘成威风凛凛的骑士，而那些有歧视行为的公司则扮演起邪恶势力而成为被讨伐的对象。如果最终结果是庭外和解（这经常发生），这对于官僚们来说是另外一个叫嚣的机会。如果他们输掉了官司，这消息也会很难外泄，公众永远不会关注到那些看不见的成本。

倘若他们赢下了官司，官僚们不仅仅会鼓吹他们的荣耀，他们还会强加给败诉公司凡尔赛和约一样的不平等条款。有这样一个案例，就业机会均等委员会就"视觉歧视"对服装零售商 Abercrombie & Fitch 穷追猛打，因为其倾向于雇用年轻有魅力的白种人以对应其在广告中塑造的公司形象。这家公司无意卷入开销

巨大的诉讼而选择屈从于行政命令。行政命令强制要求公司雇用
一位"多元化副总裁"以及 25 名"多元化人力专员"，并且要保
证今后的市场营销内容能够"显示出多元化"。

在最近发起的 E-RACE 运动（根除就业中种族主义和有色人
种歧视）中，就业机会均等委员会计划进行一个为期五年的调研
计划，以收集涉嫌"有色人种歧视"的相关问题的数据：在相同
族群内，浅色皮肤的人较肤色较深的人更受青睐。作者这样写
道："我想政府机构认为这个世界仍旧充斥着种族主义。"事实很
可能如此，但是这也可以理解为政府机构只是希望自己看起来真
的忙于解决深层次的社会弊端，从而可以避免自己的预算遭到
削减。

四、教育

较之那些代价高昂的解决就业市场问题的计划，强制性的平
等就业更加糟糕。它阻碍了可以解决真正问题的方法，就是给予
年轻人，尤其是黑人男性以学习必要技能的机会。奥尼尔夫妇
写到，

> 我们发现无法让某些群体提高收入的原因其实并不是就
> 业歧视。而是雇主们没有理由去雇用或晋升那些缺乏必要技
> 能，生产力低下，看起来并不适合他们的工作的雇员……并
> 且，基于对种族和性别要求而产生的平权行动和差别性影响
> 的裁决会带来不良效果。它们会降低获取人力资本的动机，
> 并且它们也会降低那些在公平竞争中也能获得成功的少数族
> 裔的成就价值。

换言之，试图在劳动力市场实现尽如人意的平等（就联邦合
同合规程序办公室和就业机会均等委员会官僚的观点而言）的改
革运动实际上分散了大家在实际问题上的注意力。作者没有直接
地控诉极为糟糕的公立小学和中学体系，但是建议修复基础教
育，那样可以让大多数年轻的美国人在离开高校的时候就拥有相
当的技能和工作习惯，那将远远好于以种族和性别歧视为理由进

行的政治迫害。奥尼尔夫妇显然不想让本书的主题涉及教育领域，但是在他的字里行间都透出痛诉之感。

尽管作者并没有呼吁废除政府机构，甚至他们还写到就业机会均等委员会有"重要的工作去做"。就此而言，我不同意他的观点。他们的书指出能干的工人能够得到与他们能力相配的工作，并且得到相称的报酬，这与种族和性别全然无关。

即使是企业有时候确实会对人的特征有所偏向，但巨大的市场中仍旧有着无尽的机会。当 Abercrombie & Fitch 只雇用那些活泼可爱的年轻白人时，就意味着那些与它竞争的零售企业就会雇用到较少的相似的年轻人。当 Joe's Stone Crabs 只雇用男性侍者搬运沉重的特色餐具（这是书中提到的另一个案例）时，也就意味着在其他餐馆中会有较少的男性侍者与女性竞争职位。

如果政治上可行，我们应该解散联邦合同合规程序办公室和就业机会均等委员，这样就可以为国家节省下一笔被白白浪费的监管开支。无论如何，对它们施加一点点控制会是一个好的开始，本书恰恰为此开了一个好头。

愚不可及的美国能源政策

理查德·L. 戈登[*]

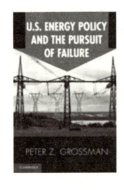

U. S. Energy Policy and the Pursuit of Failure
By Peter Z. Grossman
397 pages；Cambridge University Press，2012

　　至少五十年以来，针对政府干预能源领域的严重缺陷，经济学家不断提出重要见解。然而，政策改革不能始终如一，那些关键性的干预神话依然不为批评所动——恰如政府失灵的经济学理论所预测的那样。巴特勒大学（Butler University）经济学家彼德·Z. 格罗斯曼（Peter Z. Grossman）以精确的文笔对这些政策失败进行了精彩纷呈、内容广泛的分析。对于任何一位关心能源政策的人来说，这部堪称大师级的著作都是一本必读书，也值得所有担忧扩张性政府的有识之士关注。

　　每一项政策评估的关键在于理顺经济逻辑。格罗斯曼擅长此道。他的基本主张是，对基本经济理论的认可，应该成为能源政

---

　　* 理查德·L. 戈登（Richard L. Gordon），美国宾夕法尼亚州立大学矿产经济学名誉教授。

策的基准思路，决策者一直未能使用稳健的经济学，从而不断重复一个错误：他们期望一套成分缓慢变化的"魔法药水"迅速且廉价地代替石油和天然气。

这部别出心裁的著作，旨在展示这种愚蠢政策的持久性。格罗斯曼还进一步添加了一个有趣论点：政治进程鼓励政治家对一些引起广泛关注的事件作出反应。他简略地描述了公众的抗议，但经历了种种政策动荡之后，他发现，政治家的印象往往是由有限但响亮的抱怨形成的。

这些关切被应用在这样一部基本上按照年代顺序进行的能源政策评论著作之中。在美国，能源政策的出发点之一是，传统的能源使用方式在某种程度上对国家安全构成了威胁。政府干预的倡导者总是使用阿波罗太空计划（Apollo Space Program）和曼哈顿核弹计划（Manhattan Project）进行虚假的类比。他们声称，拟议的政策措施建议很快就将诱发类似于"登月"那样的突破。格罗斯曼把更多注意力放在了与阿波罗计划进行类比的缺陷上，而不是潜在的国家安全理由。对于后者，他描述了决策者在不同时期对国家安全的种种担忧，这种描述贯穿于全书，并在最后一章非常精彩地诠释了这种担忧为什么缺乏正当理由，并且显然不足以为政府采用的能源政策提供令人信服的辩护。其累积效应就是表明，国家安全概念具有一种不断变化，但始终空洞的意义。总体而言，与能源政策相关的建议和行动持久地应用了众多经济学谬论，往往引发灾难性后果。他对能源政策的历史探讨，重点凸显了这些错误的观点和行动。

格罗斯曼使用简洁的标题巧妙地概括了每个章节的内容。这部编年体著作的第一章（"危机"）叙述了理查德·尼克松对1973年石油危机的应对之策及其更广泛的影响。随后，它就能源干预是否存在稳健的经济学根基等最基本的概念性问题进行了评述（"失败"）。格罗斯曼接下来回溯了1973年石油供应中断之前的能源政策（"燃料"）；他先评论了尼克松政府之前的个别燃料政策，转而审视了从约翰·肯尼迪到尼克松政府的一系列能源行动。接下来两章相继评论了杰拉尔德·福特政府和吉米·卡特政府的能源政策，标题分别为"EIA"和"道德"。鉴于卡特时期过度扩张的能源政策，下一章（"阿波罗"）专门抨击"人类登月"类比。随后一章（"崩溃"）则是关于罗纳德·里根到比尔·克林顿时期的能源政策进展。接下来一章（"危机 2.0"）审视小布什政府和巴拉克·奥巴马政府的能源政策。随后一章（"谦卑"）提出了一些政策建议，本书结尾部分是一个附录，列举了政治家在面临可怕事件时的被迫反应。每一章都涵盖了许多主题，以上所提仅仅是各章中最重要的内容。

这番努力有一个对其观点阐述产生极大影响的特点。格罗斯曼在很大程度上依赖于档案材料：总统文件和报纸报道。这样做的一大好处在于揭示了大量现已被忘记的废话，因为有太多费尽周折，详尽制定的政策最终并没有被采纳，或者被迅速削弱或悄悄收回。比如，他叙述了针对能源价格控制的频繁呼吁，以及对加油站前排长队的担忧（他指出，这是价格控制的一个副产品）。这种方法的主要缺点是忽视了相关正式文献的重要组成部分，过分依赖报纸对其他材料的报道。尤其是，格罗斯曼忽略了学术界针对国家安全理由的大多数批评意见。一个相关问题是，他没有引用许多观点。说句公道话，他也发掘出了很多有用的，但我们不太熟悉的学术成果。

一、超越市场失灵

起始章"危机"既概览全书，又调查了尼克松政府在后石油危机时期的能源政策。本章介绍了几个中心主题，为全书定下了基调。主要观点是，在 1974 年和随后的几年中，政策建议背后隐含的经济学毫无意义可言。政府官员和特殊利益群体使用语意晦涩的"危机"一词，是为了使含糊不清、激发起干预欲望的担忧合理化，最终产生的建议提出了一个不可能完成的要求：在不涨价的前提下，大幅度增加供给。格罗斯曼进一步表明价格管制在理论上和尼克松式实践中的有害影响。在这章和随后几章中，他有效地使用简单的供需图，刺穿了能源政策隐含的经济学谬论。

在"失败"一章中，他很好地概括了关于市场失灵的观点。

他首先回顾了美国政府为确保一个基于市场失灵的政策理由确实存在而进行的各种步履蹒跚的努力。他转而指出一连串常见的市场失灵类型。接下来，他回忆称，有效的政策分析应该首先承认，完全竞争是一个永远无法在实践中实现的教学概念。偏离理想状况或许有许多理由，但在最坏的情况下，这些理由产生的问题也相对较小，完全不足以证明实际干预所需成本的正当性。此外，正如他随后探讨的那样，政府的能力和动机远远低于那些支持纠正偏离完全竞争假设这一情形的人士所默认的程度。正如永无休止的"社会主义计算"（socialist-calculation）辩论所示，政府无法获得充分的信息（至少不能低于收益的成本），以确定最佳的校正水平。此外，源自芝加哥学派、公共选择和主流经济学界的大量文献探讨了另一个问题：鉴于调节市场产生的意外之财，政府经常设计干预政策，用一种实际上降低效率的形式资助一些权势集团。

他随后审视了这些校正行为对于能源政策的影响。他列出了能源领域或将出现的一系列市场失灵。在这章，一如本书其余部分，他重点评述了政府采用的政策为什么不能消除这些缺陷，并指出，在任何情况下，美国都无法置身于全球石油动荡带来的冲击之外。

他的主要结论是，资本市场不完善是唯一一个能够支持政府干预能源领域的理由（如果它是有效的话）。只有在不受约束的市场未能以最优方式投资于化石燃料的替代品时，强调支持这类昂贵替代品才是讲得通的。支持干预论点的核心是，对替代品有利可图的投资，受阻于市场未能意识到化石燃料即将耗尽这一状况，未能对之作出反应。另一个投资失败是，未能认识到以营利的方式减少能源使用的途径。格罗斯曼在整本书中毫不留情地表明，因支持者的错误要求，政府在一些项目上持续浪费的开支，被私人投资者低估了。

二、能源政策史

"燃料"一章首先对 20 世纪早期的燃料发展进行了逐一评

述，随后集中讨论了从肯尼迪政府到 20 世纪 70 年代初石油供应中断这一阶段的事件。这很好地涵盖了各种问题（如果详加叙述的话，其中大多数问题或许需要一本书的篇幅）。例如，石油部分精彩地审视了第一次世界大战后，出于对石油资源枯竭的担忧而采取的行动，发现巨额储备后油价下跌致使政府作出限制产出的计划，以及艾森豪威尔政府限制石油进口以保护国内产出限制政策的粗鲁决定。天然气部分过分简要地描述了一项美国最高法院决定如何迫使不幸的联邦电力委员会（Federal Power Commission）监管天然气价格。其中包含一个最令人震惊的依赖二手资料的例子：格曼斯曼正确地引述了艾森豪威尔在否决 1956 年的《天然气法》（Natural Gas Act）修正案时的发言：“从长远来看，这将限制天然气供应，这种限制不仅有违国家利益，也特别有损消费者的利益。”审阅否决声明即可发现，这一否决，正如天然气监管文献经常指出的那样，只是希望消除不体面地为这项法案游说这一污点。艾森豪威尔的声明显然与没有通过一个未被玷污的《天然气法》修正案的影响有关，而不是像格罗斯曼声称的那样，旨在为其否决行为辩解。核电部分强调指出，美国因生产和使用核弹而产生的负罪感如何导致对和平利用核能的过度投资。本章最后回顾了从肯尼迪政府到 1973 年的能源政策发展。审视的关键部分是，尼克松采用的一般工资和价格管制如何演化为一直延续至 20 世纪 70 年代末的原油价格管制措施。

评述福特政府时期的“EIA”一章，详细阐述了福特与掌控国会的民主党议员之间尖锐且复杂的辩论。这个标题意指福特提议作为一项《能源独立法案》（Energy Independence Act）组成部分的能源独立局（Energy Independence Authority），用以解除对石油和天然气价格的管制，采取“保护”标准，并为研发提供大规模的政府支持。特别是，能源独立局将充当一个为研发筹资的机构。本章记录了民主党人对于解除价格管制的抵抗如何催生出一个允许逐步放开价格管制、推行汽车能效标准，并创造原油战略储备的能源法案。在这个过程中，格罗斯曼指出了所有这些措施的严重缺陷。

“道德”一章强调了彰显卡特时期能源政策特征的各种姿态。

格罗斯曼指出："事实上，在出任总统之前、任职期间和以后那段时期，吉米·卡特主要是一位道德家。"本章进一步阐述称，卡特依赖一些有缺陷和被迅速驳斥的假设，比如石油输出国组织（OPEC）的势力、世界石油即将枯竭、新技术的前景，以及向石油公司征税能够资助他的努力等等。这部分讨论审视了石油枯竭之忧、卡特的姿态，以及 1978 年和 1980 年两个系列的能源立法等议题。

"阿波罗"一章首先阐述标准观点，即阿波罗太空计划和曼哈顿核弹计划都拥有充分的资金支持，只要完成任务，其目标就可完全实现。在最好的情况下，这本书考虑的能源项目将催生新技术，这些新技术随后必须在商业上证明自己。鉴于其他滥用阿波罗类比的情况，他或许还可以补充说，不同于治愈癌症（另一个通过阿波罗类比证明政府干预行为的例子），阿波罗和曼哈顿计划的目标被认为是可实现的。本章其余部分对商业化如何发生，政府的缺陷为什么使其无法成为新商业技术的推动者，为什么导致它在能源领域频频出错等问题进行了有益讨论。

"崩溃"一章首先审视了 20 世纪 80 年代的能源价格下降，并特别提到石油输出国组织成员国如何认同油价将持续上涨的愿景。里根部分竭力批评了对油价放开的影响过于乐观的情绪，但非常适当地将更大的蔑视留给了那些预测油价将出现灾难性上涨的人士。老布什部分涉及众多问题，其中包括另一场无正当理由的、在第一次海湾战争爆发后出现的石油恐慌，不明智的 1990年《清洁空气法案修正案》（Clean Air Act Amendments，该法案鼓励汽车使用乙醇燃料），混杂的《国家能源政策法案》（National Energy Policy Act）。克林顿部分着墨最多的是，激励更多高效节能汽车出现的失败尝试，以及加利福尼亚州设计拙劣的电力行业重组计划必然失败的命运。

三、今天和明天

"危机 2.0"一章评述小布什和奥巴马时期。本章首先描述了小布什的能源观，随后勾勒出奥巴马的类似看法。本章接着回顾了试图确定石油价格变动对经济活动总量影响程度（如果有的话）的经济文献。格罗斯曼并不认为这种影响是巨大的，并且声称，相较于减少石油进口，货币政策是一种更合适的疗法。他随后审视了小布什时期的实际政策辩论和行动，并特别强调指出，对乙醇燃料的热情缺乏正当理由。

奥巴马部分恰如其分地以"什么也没学到"命名。其主题是，奥巴马兴致勃勃地拥抱了所有已被前面章节戳穿的能源神话。格罗斯曼特别关注 2009 年经济刺激法案的"绿色能源"部分，以及失败的《瓦克斯曼—马基法案》（Waxman-Markey）为控制温室气体排放所做的能源政策努力。本章最后讨论了美国能源部（DOE）的种种失败举措。一个关键部分是，作者在这里简短地回忆称，供应中断一直是短暂且可管理的，并且很可能将继续如此。另一个观点是，美国能源部拥有一家庞大政府机构所具有的种种典型缺陷。

在"谦卑"一章中，格罗斯曼首先声称，对进口的担忧被夸大了，应该被否定；石油资源枯竭不需要政府干预（如果存在这种威胁的话）。他意识到，能源利用对环境的外部性影响将上升，对中东国家石油的依赖排除了美国摆脱供应中断影响的可能性。他强调，美国有必要通过军事和外交手段干预陷于危机的盟友这种观点非常可疑。一个更强有力的观点是，唯有彻底放弃国际贸易，才能使美国真正免受石油供应震荡的冲击。格罗斯曼正确地总结道，实际政策皆是一些极其昂贵的提供缓冲的方式。另一个有价值的观点是，根据创造就业机会等不相关理由为干预手段辩解的做法应当休矣。接下来，他敦促提高立法过程的清晰度。

然后，他建议不具名的政府行为应当促进亟需的新机构的发展，比如打造一个"智能电网"所需的机构。在我看来，鉴于该领域的历史记录，政府真正需要做的是，停止干预私人机构的发展。格罗斯曼敦促相关部门明示任何拟议干预行为的后果。

然后，他主张停止支持能源研究的商业化，并开发一个更完善的方案以支持基础研究。在阐述后一种观点时，他首先为这种支持行为提供了一个标准的"投资不足"理论依据，随后以一个太阳能基础研究项目为例。他乐观地认为，如果最初的目标得以延续，该研究项目必将产生丰硕的成果。然而，这似乎忽略了他此前针对旨在矫正明显市场失灵的政府行动所发出的警告。

在如何评价美国能源部的作用方面，他的态度过于模棱两可。即便他承认美国能源部是一个臃肿的官僚机构，但他担心，如果该机构被终止，能源领域的参与者之间就缺乏协调。鉴于他就限制干预提出的明智建议，他承认，在其心目中的理想世界里，美国能源部将毫无用处。他本应该做更深层的阐述。正如他的这本书所示，能源部的创立和延续反映出两个永远困扰能源决策当局的谬论。首先是相信政府有能力矫正市场失灵现象，这也是本书评价的核心问题。另一个观点则相对含蓄：像能源这样一种被广泛应用，进而深深融入经济的事物，是不可能被整齐地分离开来的。能源部被赋予监管之责的，仅仅是有限几个影响能源的政府计划；其他许多项目依然是其他机构的职权范围。在许多情况下，行使有害影响的是诸如环境保护署（Environmental Protection Agency）、内政部（Department of Interior）和田纳西河流域管理局（Tennessee Valley Authority）这类机构。不是担心失去美国能源部，我们更需要关注这些似乎神圣不可侵犯的机构。

没有对其论述起到帮助作用的是，他赞扬能源信息署去除了由"业内人士"提供之数据的所谓"污点"。这种说法纯属无稽之谈。无论是在能源信息署创建前，还是创建后，数据皆是由业内人士收集，并且主要是由一个政府机构发布的——一个主要例外是此前由一个产业委员会生成的天然气和石油储量数据。能源信息署接管了这项工作，以更加昂贵、更缓慢、不那么广泛、不那么精良的方式制作这些此前由私营部门提供的数据。

一个篇幅很长的分部列出了关于全球变暖辩论的主要方面。贴切的结论是，依据《瓦克斯曼—马基法案》的大规模干预行为显然失败了，急于采取行动是不明智之举，开征碳税是一个比总量管制与交易制度（cap-and-trade）更可取的方式。在本书结束部分，他发出了一个简短的警告：预测不足恃，市场可信赖，奥巴马总统依然固守着一些已被这本著作充分证明存在缺陷的能源观。

　　这些教训值得经常审视。早在半个多世纪前我就表达过类似的观点，我由此意识到，对这种智慧的抵抗程度依然高居不下。然而，进步已经取得，对于懂得经济常识的能源（以及许多其他受到浅薄的干预政策影响的领域）观察者来说，保持沉默是不恰当的。愚蠢行为依然接踵而至。

税法的两百种糟糕方式

艾克・布兰农 *

Taxes in America：*What Every American Needs to know*
By Leonard E. Burman and Joel Slemrod
Oxford university Press，2012

出于某种我无法理解的原因，大多数人都不像我那样对"税务亏损结转"的各种复杂细节兴趣高涨。伦纳德・伯曼（Leonard E. Burman）和乔尔・斯列姆罗德（Joel Slemrod）试图纠正这种现象，从更宽泛的意义上说他们想要解释正慢慢潜入全国各大报章版面的税务改革讨论，使其对于熟知政策的人才和门外汉来说都不再神秘。这本入门书无疑挑了个好时机上市，因为如果税改成真，税法上某些大改可能（并且也将）很容易被妖魔化。举手可得且涵盖一切可能的预防针正是时代所需要的。

尽管本书的副标题是"每个美国人都需了解"，其实更好的副标题应该是"谁说开支票的人就一定是承担税务负担的人了，

---

* 艾克・布兰农（Ike Brannon），华盛顿特区 R 街学院（R street Institute）研究部门负责人。

你们这些白痴"。虽然这条信息看上去是经济学课堂上教的第一课内容，但就我个人经验来说，大多数学生转身就将其抛之脑后，而政治家则毫不顾忌地将其忽视。满足于现状，排斥任何重大改变的人通常都会忽视这条信息。然而，重大改变却正是目前税法这个乱摊子所需要的：很多人都觉得税法很难遵循；它鼓励模棱两可，却打压有利行为；美国因其财政缺口亟需经济增长，而税法却成了绊脚石。

一、简单化

税务改革包含两种方式，这两种方式从政治角度上来说都不无危险。第一种方式是减少或除去税法现有的各种乱七八糟的扣除、抵减和豁免项。第二种方式则需要通过利用储蓄部分来降低税率，缩小财政缺口，或（如果你是当今美国总统）在其他方面增加开支。两种方式都必然引起争议，但是其中简化部分将最为障碍重重。这也就是《美国税制》大有裨益之处。大多数税务扣除项对于多数美国人来说在经济上毫无用处，但是对一小部分"获奖者"来说却带来极大的利益——而这些"获奖者"将竭尽全力以保留这部分利益。这样的努力将跨越政党间的界限，而伯曼和斯列姆罗德则设法反驳特殊利益群体所构造的用来护卫他们"神圣的母牛"[1]的各种陈词滥调。

两位作者巧妙地阐述了众税务扣除项中价值最高的贷款利息、雇主提供的医疗保险和州税地税。两党的大政治家虽然嘴角努努说自己支持税务改革，同时却又明确表示对这三项税务扣除捍卫到底的态度。这种态度无异于同意实行严格的节食计划，同时又要求披萨和蛋糕出现在晚餐里。恰当的税务改革需要谁家的牛（也即特殊免税优惠）都流点血，但是实行这样的改革带来了额外的利益：更多的经济增长和更多的工作职位——最终带来的是更多的收入。

两位作者将替代性最低征税额的起源以及相关复杂性都解释

---

[1] 比喻神圣不可侵犯之物。——译者注

得非常清楚，同时从避免惩罚单身或已婚工作人士将导致数学处理难度的角度，很好地阐释了婚姻惩罚税问题。对于税法如何演化到这么复杂的地步的问题，本书提供了一个很好的视角，除此之外还具体描述了想要让人人都上报明信片大小的纳税申报表将会遇到的障碍。

二、重新分配

两位作者在涉及分配收入（以及前文提及的税法改革第二部分）问题的时候叙述便稍显含蓄。这个问题的答案并不唯一，尤其在美国现在财政赤字高达万亿美元，且人口压力又迫在眉睫的当口。但伯曼和斯列姆罗德的确为目前正在考虑收入分配举措的人士提供了一些精妙意见。

这也就是说，支持税务改革的人根据传统意义上的政治敏感性分成互相竞争的两种感情趋向：一种是希望对税法进行重新整理，使其更能刺激经济增长；一种是希望对税法做出更改，使其在各收入阶层间重新分配收入方面起更大的作用。尽管人人对这两种做法的相互合作抱有热望，且通常的论据也倾向于这一点，但是这两种做法通常背道而驰。如果我们遵循托马斯·皮凯蒂（Thomas Pikkety）和伊曼纽尔·赛斯（Emmanuel Saez）的学说，向富人收取其收入70％的赋税，经济增长必然减少；问题在于减少多少而已。

自由主义者喜欢引用右翼极端主义者的观点，后者断言所有减税都能收回成本且证明供应学派经济学是痴人说梦。但是，认为百姓和企业都将对税率毫无反应（就如国会研究处最近的一份出版物所认为的那样）是一种故意视而不见的行为，跟最极端的供应学派经济学学说一样，是错误的。尽管减税行为很少能够被视作"收回成本"，事实证明持续、稳健的经济增长对于任何试图刺激收入增长的举措来说都是必要元素。战后最大的两次收入增长第一次发生在1996年至2000年期间，当时联邦政府收入增加了50％，接下来一次是2004年至2007年，当时收入增加超过三分之一。这两次增长期间政府都没有提高税率。两段时期都代表了稳健持续的经济发展时期。

从数学观点来看，2 个百分点和 3 个百分点经济增长的差异无疑不仅仅是 1 个百分点，而是 50 个百分点。长期来看，这样的差异将对人民生活水平和税收收入产生重大影响。这一点，只要熟悉复合利率创造的"奇迹"的人都能证明。

伯曼和斯列姆罗德阐释了为何向富人征税从来不像看上去的那么简单。比如说，由于资本利得和股利大多由富人获取，民主党一直非常希望在这类收入上增加赋税。然而资本税负增加，最终将会导致资本回报率降低，经济体中的投资减少。这反过来又导致了资本减少——以及一切使得生产力提高的工具、机器以及工厂减少。归根结底，工人的工资由其生产力决定，也即是说，高税负使得工资降低。首先受到影响的就是工作与资本息息相关的工人，也就是蓝领工人。劳动力本身而非资本家受到资本税负的冲击远不算什么激进想法：国会预算办公室和税收政策中心也持同样的想法，并且将这种想法体现在这两个部门所绘制的分税图表里。

因此就这个问题而言，尽管经济增长能够解决我们经济中大多数弊端，也能够挽救我们可怜的政府资产负债表，但我们仍然不能粗暴行事以达到目标。借用威廉·赛蒙（William Simon，美国前任财政部长）的话来说，对税法进行整改，使税法的设计看上去目的性强，虽然不足以让经济增长，却必不可少。

伯曼和斯列姆罗德在本书中暗藏呼告，希望政府首先能够利用税法来提高收入，与此同时尽量降低对经济的负面影响。政府应该尽量减少对更高额的住房贷款、购买双动力汽车、雇主提供的医疗保险以及其他众多深埋在税法中的各个税项的激励。这是因为通过税法激励某种行为的做法总是存在其固有问题：国会成员由此假装认为他们最为支持的补贴只要经过了税法就算是"减税"行为。政府在以多种方式推动和刺激劳动力的过程中税法用得越少，也就越难以在税法中加入这种无用政策。

遗憾的是，就像政府发起的任何整改一样，无论多么有用，税法改革发生的概率都很小。伯曼和斯列姆罗德在引言里暗示道，从针对每个税法相关问题所做出的理智答案中，我们知道这场仗值得打。税法改革对经济体以及民众的回报潜力是巨大的。虽说这样简单的事实无法影响税务改革的政治可行性十分可惜，但是一小群集中的潜在受损者常常发现将分散作战的赢家聚集在一起整体击破更为容易，尽管赢家们的所得比受损者的损失要大得多。

更好的混合型经济

大卫·R. 亨德森[*]

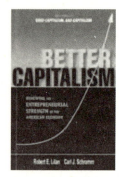

Better Capitalism：*Renewing the Enter-*
preneurial Strength of the American Economy
By Robert E. Litan and Carl J. Schramm
263 Pages，Yale university press，2012

怎样才能在经济萧条的美国提高经济增长率？这是罗伯特·利
坦（Robert E. Litan）和卡尔·施拉姆（Carl J. Schramm）在他
们的著作《更好的资本主义》中所致力解决的主要问题。这本书
其实起错了名字。尽管两位作者提出了很多非常可贵的建议，不
少论述也滴水不漏，他们实际上提议的并不是更好的"资本主
义"。尽管他们支持在某种程度上放松监管，尤其在美国经济中
的创业板块（此处的创业板块包括了劳动力市场），但他们同时
也支持对能源和交通工业采取广泛的监管措施。我们目前的经济
体制实际上不是资本主义，而是 20 世纪 50 年代至 70 年代经济学
教科书所准确定义的"混合型经济"。而两位作者并非提议让经
济体制单一化；更准确地说，他们想要的是一个更好的混合体。

* 大卫·R. 亨德森（David R. Henderson），胡佛研究所研究员，加利福尼亚州
蒙特雷市海军研究生院商业和公共政策研究院经济学副教授。《经济学简明百科全书》
（*The concise Encyclopedia of Economics*，Liberty Fund，2008）编辑。

因此，对于这本书来说，更恰如其分的名字应该是"更好的混合型经济"，尽管这个书名确实没那么上口。

这本书各章质量不一。有的章节提出了一些具有煽动性的观点。这些观点虽让我从新的视角思考问题，却并没能说服我接受它们。有些章节，尤其是关于移民政策的章节，写得极好。关于能源政策的章节在经济学分析上尚有不足。具有讽刺意味的是，书中所提议的一种能源监管政策可能反而使美国受国际石油卡特尔组织欧佩克（OPEC）的控制程度加深。

一、促进研究

两位作者所有论述都围绕着这样一个中心议题："全面经济范围内长期、较为高速的增长依赖于高增长企业的成立与发展。"他们对高增长企业的定义是：在最终成熟时收入能达到每年 10 亿美元的新兴企业。他们在书中进行了一些基本计算，计算说明了如果一年内美国新增 60 所这样的企业，当年的经济增长率将提高 1 个百分点。这一计算主要根据耶鲁大学经济学家威廉·诺德豪斯（William Nordhaus）的资料而来。诺德豪斯发现富有革新精神的企业家"每年从他们的创造发明中获取的利益仅占该发明全部社会利得的 4%"。这个估计似乎是合理的。

以增加 60 所企业的目标为出发点，利坦和施拉姆在书中剩下篇幅中主要讨论的是如何达到这个目的。这引出了他们对研究和发展政策、如何对大学进行改革以鼓励研究、税务政策、移民政策以及能源政策等领域的讨论。

就研发政策而言，两位作者的论述很有说服力。他们反对政府拨款进行更多的研究，认为以同事互评体制来决定拨款方向导致并固化了"一个人脉丰富的老年研究员俱乐部"，而这些研究员抵制有新意的思考和意见。作为例证，他们指出美国诺贝尔奖获奖者平均在 34 岁时就做出了足以获奖的发现，但是"主要研究员获得国家卫生院下拨的研究资金的平均年龄高于 50 岁，而且这个平均年龄还在稳步上升"。两位作者还强调他们并不认为目前的研究资金水平应该下降。这样看来，似乎作者想要表达目前研究资金水平已达完美，但却从未就得出该结论的原因展开论述。

目前，研发开支超过国会规定基准的部分准计25％的暂时性税务抵减，而两位作者提议以8％的永久性研发开支税务抵减来代替现有政策。只有"以超过、扩大或提炼普遍知识为目的的行为"适用于这种政策。但是作者却没有解释清楚该项政策应该如何实行，因为该项激励措施实际上意味着鼓励人们试图在这个类别内获取尽量高额的资金。作者同时也支持取消公司所得税，以防对公司所得重复征税（先作为公司所得征一次税，然后作为发放的股利再次征税）。但是他们仅仅表达了支持的观点，却没有进一步展开论述。

利坦和施拉姆对于政府试图支持企业"孵化器"和企业"群落"的举动持怀疑态度。他们的怀疑是正确的。他们指出那些获得成功的主要公司如微软、苹果、戴尔和亚马逊等都并非因为政府所制订的计划才获得成功。他们进一步指出，高科技群落中许多创业实力派都不知道对方的存在，或者不经常与对方打交道。但令人吃惊的是，作者认为当地的市长应该将这些创业人物都聚集到一起来，让他们互相交流。如果这些创业家即使不认识彼此也一样获得了成功，为什么作者会认为政府官员应当促使他们了解对方呢？

本著作中叙述大学在研究上所起的重要作用的章节可能是全书见解最为深刻的章节。1975年《研发》（R&D）杂志所称前100个"技术方面成就最为显著的新产品"中，私人企业占了超过70％的比例，而大学则仅占15％。这是一个非常惊人的事实。而到了2006年大学所占比例达到70％，而私人企业所占比例则降到了25％。

两位作者在如何更为有效地利用学者的学术贡献的问题上显然花费了大量心思。他们认为大学和学者间的合同需要改进，以便学者能够更加自由地将自己的思考成果推向私人企业界，而同时大学仍然享有其中的一部分成果，并就此提出了几个建议。这个议题确切来说与政府政策无关，只牵涉到大学（大多为私立大学）和其教研人员间的合同问题。但是在这个章节的部分论述中，利坦和施拉姆似乎忘记了他们之前对诺德豪斯的引用，也即发明者只从其创造发明所带来的社会利得中获取一小部分利益。两位作者展示了一张表格，表格显示对于 10 所顶尖大学来说，特许权收入之于研究开支的最低回报率为加州大学的 0.3%，最高为纽约大学的 4.3%。作者将这样的回报率称之为"低得可怜"。但如果这就是所谓的私人企业回报率，为什么社会回报率也未能做到比之高出一个数量级呢？

二、吸引移民创业者

利坦和施拉姆在书中讲移民政策的章节（"进口创业家"）中指出，在 1995 年至 2005 年期间，尽管移民人数仅占人口的八分之一，移民所创建或参与创建的公司却占了"技术和工程领域的成功企业"的四分之一。因此作者想要使具有创业精神的外国人更容易移民并在美国居留的想法让人毫不意外。在提出政策相关的建议之前，两位作者对美国移民政策进行了简要到位的叙述。我自己便是移民，曾经跟美国移民局（Immigration and Naturalizaiton "Service"）打过交道。因为有过这段死缠烂打的经历，我以为自己对移民法已经了如指掌。但是从我在 1977 年拿到永久居留权以来移民法发生了变化，而且几乎是越变越糟糕。两位作者指出国会批准的 H-1B 签证（该种签证仅为高技能工人颁发，期限为 6 年）的数量已从 2001 年至 2003 年期间的 195 000 人下降到如今的每年 65 000 人。另外，要想获得 EB-5 签证（即"投资移民"签证），移民至少要在一家企业投资 100 万美元。我 1977 年移民的时候，这个数字是 10 000 美元。

作者强调前参议员约翰·克里和理查·卢格 2011 年时曾经发起提案，要求设立新的 EB-6 签证，以利移民在美国创立企业，但法案未能通过。如果这个法案得以通过，移民通过投资远远小于 100 万美元的最低金额也能够获取签证，这笔资金可以投给企业，也可以投给目前持有 H-1B 签证的人员，还可以投给那些拥有科学、技术、教育或数学学位的毕业生。移民同时还需满足最低收入（30 000 美元）或财产（60 000 美元）数额的条件。

这对于现有法律来说是一个巨大的改进。如果该法案当年得到通过，那么满足资格的移民如在两年内为非家庭成员创造 3 至 5 个工作岗位，就能获得永久居留权。利坦和施拉姆认为有了这些条件限制，对于这类签证的发放就不应有任何数额限制，因为获得资格的移民是在创造工作岗位，而不是减少工作岗位。

三、能源政策上的错漏之处

利坦和施拉姆论述最为不足的章节是能源政策章节。其中一个问题是他们对能源工业历史的了解非常薄弱。两位作者声称约翰·D. 洛克菲勒的标准石油公司参与了"操纵价格的阴谋及其他反竞争行为"。事实上，标准石油之所以能够占领石油市场85％以上的份额，是因为他们降低价格而不是提高价格。尽管两位作者对日本政府"为寻求石油安全，使日本在太平洋地区一力追求扩张，最终导致珍珠港事件"的叙述并无差错，但是他们却遗漏了富兰克林·罗斯福总统试图断绝日本石油供应的事实。尽管这样的遗漏算不上出错，但的确造成这段历史叙述不完整且误导读者。另外，虽然两位作者正确地记载了 OPEC 在 1960 年成立的史实，但他们并没有提及是由于德怀特·艾森豪威尔总统在分配石油进口定额的事情上对中东地区有偏见，才无意中导致了 OPEC 的成立。

另外，两位作者似乎不太了解全球石油市场的本质。他们在书中写道："美国目前正在进口石油，在将来也会继续如此。多数石油出口国为独裁政府，对美国并不友善，顶多属于不可依靠的盟友。"他们认为这是一个问题。且不说 2006 年至 2011 年，美国从加拿大进口石油占总进口量的百分比从 17％增长到 24％，而这个国家的人民总不能说是对美国不友好的吧。更重要的是，无论我们的进口石油从哪儿来，别人卖给我们石油不是因为别人喜欢我们国家，而是因为他们想要从中赚取金钱。我们实在不需要对独裁统治的伊拉克、伊朗或沙特阿拉伯存在过多忧虑，因为这些国家都希望赚钱。而且顺便说一句，我们应该注意到对伊朗石油实行进口限制的是美国政府以及欧盟政府，而不是伊朗政府。

最后，两位作者声称美国石油工业每年收到 400 亿美元的补贴。他们在脚注中引用了一篇文章，声称这篇文章是这个数字的出处。但是我遍寻文章也没找到这个估计数字。早期美国石油工业的确收取极高数额的补贴——如果石油矿藏折耗优惠也算作补贴的话——但是书中所引用文章中的大多数特殊税务处理优惠早就不复存在。他们对补贴的估计比实际情况简直高出了一个数量级。

除了薄弱的历史和经济分析以外，利坦和施拉姆还就能源问题提出了一些值得质疑的政策提案。具体说来，他们认为应该使用每桶 60 美元至 70 美元作为石油最低限价。为了保持最低限价，他们认为应当对国产和进口石油均采用可变课税，课税金额相当于实际价格和最低限价之间的差异。举例说明，如果最低限价为 60 美元，而全球石油价格为 50 美元，那么课税金额便是 10 美元。他们认为该提案的主要优势在于能够保护"替代性液体燃料开发者和生产商"所做的投资。他们害怕如果没有最低限价，OPEC 将偶尔把价格降低到每桶 60 美元以便抑制竞争。

我曾在 20 世纪 80 年代后期的《能源期刊》中发表过两篇文章，展示了相关提案将会带来的恶劣影响。我的例子是与石油价格成反比变化的石油关税。他们的提议跟这一提案的问题是类似的：关税费用将人为导致美国供给曲线的弹性降低。这样说来，如果像众多经济学家相信的那样，OPEC 确实拥有垄断势力，那么这样的可变课税将会增加 OPEC 的垄断势力。

四、结论

虽然有一个章节内容稍显薄弱，利坦和施拉姆的著作中大部分章节都是出色之作。如果他们的著作能够说服美国政府每年增加哪怕 20 000 名永久性移民，那么这本书也就算是值得一写了。

结　语

规制金牌争夺赛

A. 巴顿·辛克尔[*]

　　不久以前奥巴马总统在国会的一次联席会议前进行讲话，大方承认"有些规章制度……给企业增加了不必要的负担"。然而他坚持，"我们不应比赛着向低处跑，低处有的只是最廉价的劳动力和最差劲的污染标准"。就规章制度来说，他说，"美国应该在比赛中争取往高处走。我相信我们能够赢得这场比赛"。

　　总统说得一点儿也没错。美国没有理由不成为世界上规章制度最多的国家，只要我们大家一起埋头苦干，毫不懈怠。

　　尽管全球竞争激烈，但是美国在规章制度的奥运会里绝对不甘人后。当今行政机构也尽心尽力投入到比赛当中，一心获取金牌。看看《平价医疗法》（Affordable Care Act）表现的好意是如何的冠冕堂皇：

　　医疗保险和医疗补助服务中心正在为 ICD - 10（新的医疗账单处理编码系统）进行收尾工作。与 ICD - 9 令人震惊的不足之处——仅能辨别 13 000 种损伤——相比，ICD - 10 包含了 68 000 种损伤的信息。包括：在歌剧院致伤（Y92253）；走路时撞上电

---

　　* A. 巴顿·辛克尔（A. Barton Hinkle），《里士满时报快讯》（*Richmond Times Dispatch*）高级社论作家及专栏作家。他于 2004 年获得尤金·C. 普里安（Eugene C. Pulliam）社论写作奖。

灯柱致伤（W2202XA）；以及对于潜在的达尔文奖获奖者来说，走路时撞上电灯柱致伤——后续照护（W2202XD）。法案甚至还包括了如滑水时被烧伤这样的偶然事件。

有几个无知的的乡下佬，比如说那几个美国医学协会成员，认为这个法案走极端。这样的想法再自然不过了。就像专家何莉·卡萨诺（Holly Cassano）告诉 PBS《新闻一小时》节目的那样："一开始人们都很恐惧（因为 ICD-10），不过大家一向对新事物都会有点畏惧。"但是操作这种较为复杂的系统应该是毫无困难的，她说，如果"有恰当的编码工具保驾护航"。啊，我是不是忘了提一句，卡萨诺做的正是医疗编码咨询服务的生意？

再说，在规章制度的领域，一点儿细节都不能忽略。自由事业（Freedom Works）的强·盖贝尔（Jon Gabriel）让人们注意到监管酸黄瓜的联邦标准，这个标准长达 25 页，而且阐明了诸如"弯曲的酸黄瓜"（"整根酸黄瓜，弯曲角度为 35 度至 60 度，测量方法如下图所示……"）或是"整体直径"（"在酸黄瓜周长最大的条件下，横向测量竖轴的最短直径距离"）的定义。

要是发布规章制度的地方只有一个首府华盛顿，那么以上所述实在无法让美国在规章制度奥林匹克比赛中赢得试赛，进入下一步比赛。咱们毕竟是联邦制度，这也就要求州和地方政府也得尽力参与。所以呀，最近在《华尔街日报》上关于尤斯塔斯·康韦（Eustace Conway）的报道才如此振奋人心。这位仁兄以为他只要躲到深山老林里就能摆脱公民义务了。

康韦把教导人们如何在野外生存作为一门生意来经营。由于一位爱国公民的匿名举报，他的乌龟岛禁猎区引起了北卡罗来纳州沃塔伽县监管人员的注意。当这些监管人员突访乌龟岛时，他们被自己的发现惊讶了：用于建造楼房的"木材没有等级标号，也就是说没有注明生产木材的厂家名称"（康韦是自个儿把树砍下来的）。小木屋群也没有洒水装置。至于康韦的露天厨房嘛——一份由县里官员撰写、长达 78 页的报告中写道"厨房实际上就在野外"。撰写的官员就此关闭了康韦的乌龟岛。

如果对于监管制度的热情都登了卡罗来纳州的高峰，那么我们对于它在国内其他地方所达到的高度就完全不必感到惊讶了。

费城希望博客们购买营业执照，而纽约市长米克尔·彭博则一直致力于对苏打水、婴儿奶粉、枪支以及他能想到的一切进行十字军征战。密苏里州的哈泽尔伍德市因为两个女童子军在她们自家的草坪上卖曲奇饼而对她俩穷追不舍。在密歇根州的霍兰德市，官员告诉年仅 13 岁的内森·杜辛斯基他的热狗车触犯了分区法，而分区法正是为保护其竞争者而设。从佐治亚州到爱达荷州，官员们关闭了小孩子的柠檬水站，因为这些水站没有政府开的许可证明。

如果你觉得开办一家公司太难，那么就试着关闭一家公司也未尝不可。如果你想要在威斯康辛州举行一次大甩卖，那么这个"獾"州（这个外号恰如其分。"獾"的另一含义为纠缠）可能会要求你先获取一份停业证明。不要责怪威斯康辛州历来如此进步的政治观念：得克萨斯州也要求一份同样的停业证明。

《经济学人杂志》（The Economist）估计规章制度使得美国企业每位员工的商业成本增加了 10 585 美元，并且悲叹"美国的官僚作风实在让人笑不出来"。不过可别把这事儿说给总统奥巴马听。他在去年秋天开玩笑地说："你们是不是觉得要感冒了？抵扣两个税收减税项，还原些个规章制度，早上起床以后给我来电话。"

别想着奥林匹克金牌了，喜剧的金牌刚被他摘了。

图书在版编目（CIP）数据

规制. 第 3 辑 / 加图研究所，上海金融与法律研究院编.
—上海：格致出版社：上海人民出版社，2015
ISBN 978 - 7 - 5432 - 2589 - 3

Ⅰ. ①规… Ⅱ. ①加… ②上… Ⅲ. ①微观经济-经济政策-
中国-文集 Ⅳ. ①F123. 16 - 53

中国版本图书馆 CIP 数据核字（2015）第 311981 号

责任编辑　裴乾坤
美术编辑　路　静

规制(第 3 辑)
加图研究所　上海金融与法律研究院　编

出　版	世纪出版股份有限公司　格致出版社	印　刷	上海商务联西印刷有限公司
	世纪出版集团　上海人民出版社	开　本	787×1092　1/16
	(200001　上海福建中路 193 号　www.ewen.co)	印　张	12
		插　页	2
	编辑部热线　021-63914988	字　数	170,000
	市场部热线　021-63914081		
	www.hibooks.cn	版　次	2016 年 1 月第 1 版
发　行	上海世纪出版股份有限公司发行中心	印　次	2016 年 1 月第 1 次印刷

ISBN　978-7-5432-2589-3/F • 898　　　　　　　　　　　　　定价：35.00 元